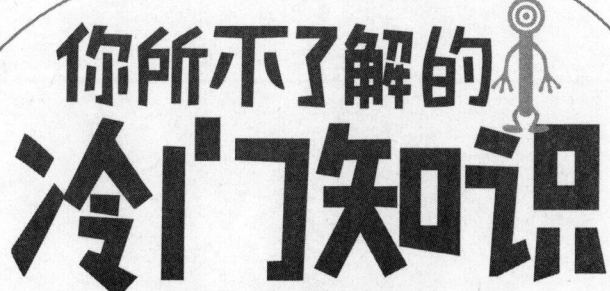

你所不了解的冷门知识

再冷门的问题也有最热闹的答案

小巫博士 ◎ 编著

中国华侨出版社

北京

图书在版编目（CIP）数据

你所不了解的冷门知识：再冷门的问题也有最热闹的答案／小巫博士编著．—北京：中国华侨出版社，2014.5
ISBN 978-7-5113-4618-6

I. ①你… II. ①小… III. ①科学知识－普及读物 IV. ①Z228

中国版本图书馆CIP数据核字（2014）第107802号

• **你所不了解的冷门知识：再冷门的问题也有最热闹的答案**

编　　著：小巫博士
责任编辑：江　冰
经　　销：新华书店
开　　本：787毫米×1092毫米　　　1/16开　　　印张／14　　字数／220千字
印　　刷：衡水翔利印刷有限公司
版　　次：2014年9月第1版
印　　次：2023年5月第6次印刷
书　　号：ISBN 978-7-5113-4618-6
定　　价：32.00元

中国华侨出版社　　邮　编：100028
发行部：（010）64443051
网　　址：www.oveaschin.com
E-mail：oveaschin@sina.com

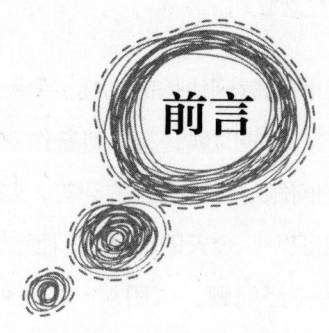

冷问题也有热答案

为什么经验有时会让人变蠢?为什么女孩相亲时不要带漂亮闺密?

为什么靠边的座椅受欢迎?为什么有的团队会让人变懒惰?为什么长相好的人更容易事业有成?

为什么减肥总是从明天开始?为什么关掉电视或者断开网络对我们很难?为什么我们的选择总会受到他人行为的影响?……

可乐真的会杀死精子?止咳药含有兴奋剂?解酒药真的会让人千杯不醉?……

鸟兽虫鱼也会为了生存奋力拼搏?它们也有娱乐生活?它们也会思考生命的本质?它们也和人类一样被误会、被伤害?

在我们身边,随时随地都充斥着一些十分有趣,却又琐碎、庞杂的小知识,这就是冷知识。只是大多数人都没太留意,甚至觉得那不过是一些简单可笑的"傻瓜问题"。其实,那些看似简单的"傻瓜问题",之所以常常让人难以回答,原因就在于它们"很冷"。

虽然这些"傻瓜问题"给人感觉"很冷",但是这些"冷知识"与"冷笑话"似乎有异曲同工之妙,越是"冷",就越有趣、越吸引人。比如,"重要时刻,大脑为何一片空白?""为什么倒霉了喝凉水都塞牙?""为什么我们总是管不住这张嘴?"这些无不是人们闲聊时最具趣味性的话题,正如美国科幻文学大师艾西莫夫所说:"人类是唯一获得越多冷

知识越感到快乐的动物。"

早些时候,苏联科普作家米·伊林所著的《十万个为什么》以新奇古怪的问题与可爱幽默的回答,整整影响了一代人。相比这种正襟危坐的"百科知识",今天的科学家们正试图提供一个有趣的角度,去看待这个世界的某些正经问题,试图从一些看似很细小、轻微,有时还显得愚蠢,甚至"无聊"的问题中,合力打造出一位问不倒先生。他就像机器猫的大口袋,能处理各种不按常理出牌的疑难问题。

科学并不是遥远、深奥、冷漠、晦涩的东西,科学家也并不是生来就不苟言笑,他们是一群有着强烈好奇心和充足行动能力的人,并且正在用严肃的科学方法来研究看起来非常不严肃的问题,比如说,为什么约会吃饭也流行男左女右,为什么不该让别人请你喝饮料,为什么剧透会让故事变得更精彩……所以说,因为有科学精神,有幽默感,世界才如此美好。

事实上,知识没有大小之分。有些时候,正是我们对小问题的关注和探究才解决了大问题,从而改变了人类的历史进程。而且我们也总能发现,那些对冷门知识比较在行的人,无论是在生活中,还是在职场上,总能成为当之无愧的话题达人和异性眼中的绝对焦点,以自己的博学多才和幽默风趣受到大家的欢迎。

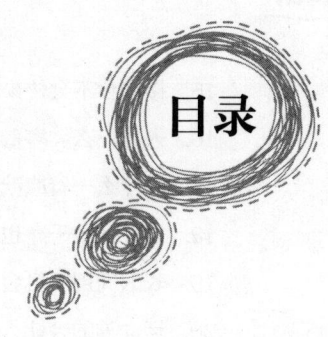

目录

Part1 逃不过的心理陷阱
—— 最好别犯的思维错误

1. 为什么不能迷信权威 　　　　　　　　　002
2. 你为什么应该忘掉过去 　　　　　　　　004
3. 向高手学习为何取不来真经 　　　　　　007
4. 为什么不要带漂亮闺密去相亲 　　　　　010
5. 为什么经验有时会让人变蠢 　　　　　　013
6. 为什么有说服力的故事常常会误导人 　　016
7. 为什么不要以结果判断决定 　　　　　　018
8. 为什么我们宁可放弃也不愿采取行动 　　020
9. 为什么人们越舒适越抑郁 　　　　　　　022
10. 重要时刻,大脑为何一片空白 　　　　　026
11. 为什么笔迹分析并不可靠 　　　　　　　028
12. 为什么约会吃饭也流行男左女右 　　　　031

Part2 匪夷所思的行为
—— 为什么我们这样生活,那样工作

13. 为什么桌子总是擦不干净 　　　　　　　034
14. 为什么我们怕密集物 　　　　　　　　　037

15.	接吻会不会传染病菌	041
16.	人为什么会害羞	043
17.	为什么一着凉就感冒	046
18.	为什么太干净也是错	049
19.	长时间用手机会致癌吗	055
20.	运动真的会让人上瘾吗	059
21.	为什么有的团队会让人变懒惰	062
22.	为什么长相好的人更容易事业有成	065
23.	为什么朋友比家人更容易影响你的行为	068
24.	尴尬会让你更被信任吗	070
25.	书写真的可以赶走焦虑	073
26.	人为什么会笑	076
27.	为什么靠边的座椅受欢迎	078
28.	第六感就是潜意识	080
29.	为什么说人倒霉喝凉水都塞牙	083

Part3　选择背后的秘密
——你选择的是你的选择吗

30.	为什么你宁可用一张错误的地图，也不愿没有地图	086
31.	为什么不该随便收别人的花	089
32.	为什么凶恶的面孔比友善的面孔更容易引起我们的注意	091
33.	为什么不行动只是等待就是种痛苦	094
34.	为什么我们喜欢寻找肯定自己的理由	097
35.	为什么我们总是会自信地犯错	100
36.	为什么不要死抱着某种东西不放	103
37.	为什么共识会带来危险	106

38. 红色药片比蓝色药片更甜吗　　　　　　　　　　109
39. 一定要睡足7小时吗　　　　　　　　　　　　　111
40. 为什么"更多"反而是"更少"　　　　　　　　　115
41. 剧透竟然会让故事更精彩　　　　　　　　　　　118
42. 广告为何找美女代言　　　　　　　　　　　　　120
43. 因为贵，所以好吗　　　　　　　　　　　　　　122
44. 为什么减肥总是从明天开始　　　　　　　　　　124
45. 人们为什么不出手相救　　　　　　　　　　　　126
46. 为什么你应该缩短上班路程　　　　　　　　　　128
47. 为什么你的决策很容易被他人干扰　　　　　　　130
48. 为什么关掉电视或者断开网络对我们很难　　　　133

Part4　吃的真相
——做个有技术含量的美食家

49. 为什么我们总是管不住这张嘴　　　　　　　　　136
50. 真的需要功能饮料吗　　　　　　　　　　　　　138
51. 为什么咖啡总是让人难以割舍　　　　　　　　　141
52. 可乐究竟能否杀精　　　　　　　　　　　　　　144
53. 喝奶会不会引发肾结石　　　　　　　　　　　　146
54. 瘦肉精有多可怕　　　　　　　　　　　　　　　149
55. 食品添加剂值得信任吗　　　　　　　　　　　　151
56. 解酒药真的可以让人千杯不醉吗　　　　　　　　155
57. 为什么饼干越少越好吃　　　　　　　　　　　　160
58. 止咳药含有兴奋剂，是真的吗　　　　　　　　　163
59. 为什么汤圆会边煮边翻跟头，饺子却不是　　　　166
60. 怎么对付贴壳的鸡蛋　　　　　　　　　　　　　168

61. 膨大增甜剂能让西瓜变炸弹吗	171
62. 洋葱为什么"催人泪下"	174
63. 高钙奶更补钙吗	177
64. 果糖：健康不健康	180

Part5　丛林里的游戏
——严肃而有爱的动物研究

65. 为什么鸽子走路的时候头会一伸一缩	184
66. 鸟儿脖子上的大饼	187
67. 树叶为什么会打卷	189
68. 公鸡为什么早上打鸣	192
69. 昆虫是食品，还是食品的敌人	195
70. 大雁为什么摆"人"字	199
71. 螃蟹的抉择：横行，还是直走	202
72. 给圣诞老人拉雪橇的到底是什么鹿	205
73. 毛毛虫为什么要排队	207
74. "血燕"真的存在吗	210

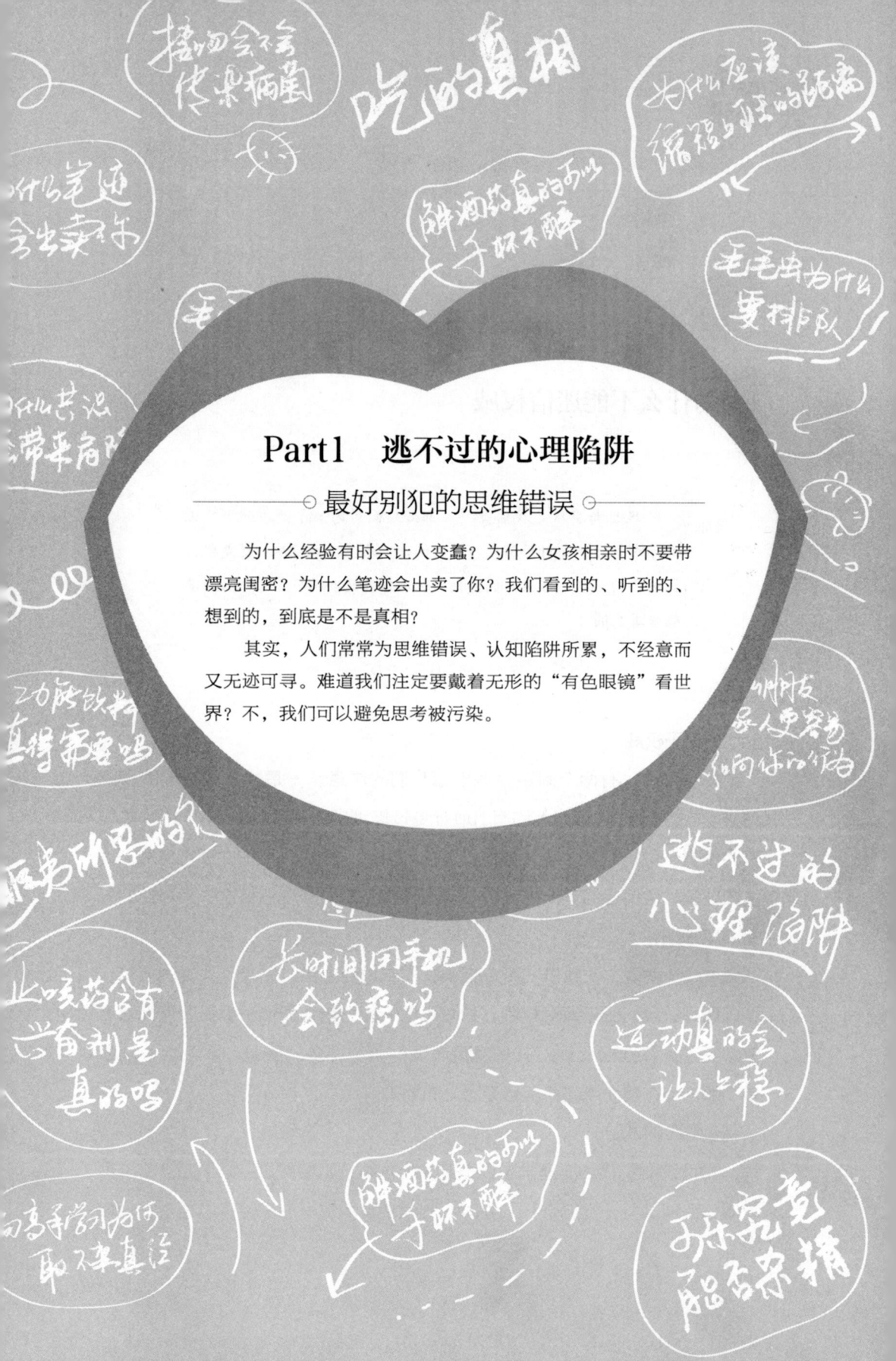

Part1　逃不过的心理陷阱
─○ 最好别犯的思维错误 ○─

　　为什么经验有时会让人变蠢？为什么女孩相亲时不要带漂亮闺密？为什么笔迹会出卖了你？我们看到的、听到的、想到的，到底是不是真相？

　　其实，人们常常为思维错误、认知陷阱所累，不经意而又无迹可寻。难道我们注定要戴着无形的"有色眼镜"看世界？不，我们可以避免思考被污染。

1. 为什么不能迷信权威

> 理性与盲从是我们每个人都必须面对的一个严重问题。面对学术权威，面对经济大师，我们是一成不变地盲从，还是能提出自己的见解，作出自己的判断和选择？这些是我们每个人所要慎重考虑的。

◎关于权威

关于权威，有两个问题值得引起我们的注意。一是，令人警醒的跟踪记录。在这个星球上，大约有100万受过培训的经济学家，但是在这些人当中没有一位精确预言了金融危机发生的时间，当然，更别说预言房地产泡沫的破裂、信用违约互换的瓦解、通货膨胀引发的经济危机这些大事件的先后顺序了。

再一个就是，无数事实可以证明，权威也会出错。出错是人类的通病，但问题是，我们一旦面对权威，独立思考的能力就会调低一级。我们面对专家意见时，往往会比面对其他意见表现得粗心许多。于是，我们会服从权威，哪怕是在理性或道德上毫无意义的地方。

◎致命的试验

20世纪60年代，心理学家斯坦利·米尔格拉姆曾做过一个试验，将这种权威偏误揭示得一览无余。试验时，心理学家请求一位试验者电击坐在玻璃窗另一侧的一个人，从15伏开始逐渐增加电压，30伏、45伏，直到几乎致命的450伏。

在试验的过程中，即使受折磨的那个人痛得大喊大叫，甚至浑身颤抖（事实上，试验设备并没有电流，受试者也只是一位演员），试验者也于心不忍，想要中断实验，但只要心理学家平静地说"请继续，实验要求这样做"，大多数人依然会继续下去，并且半数以上的试验者会将电压升到了最高，纯粹是在服从权威。

◎摆脱权威偏误

权威偏误这一现象曾经频繁出现在航空领域，许多航空公司明白权威偏误有可能造成危险。意外事故之所以发生，大多是因为机长犯了错，副机长察觉了错误，但出于相信权威不敢指出来。后来，几乎所有航空公司的飞行员都接受了一个名叫"机组资源管理"的训练，学习坦率、迅速指出毛病。换句话说，飞行员正在努力训练自己摆脱权威偏误。

之后，许多公司也纷纷效仿起航空公司的管理。事实证明，在这些公司内部，特别是当有一位强势的首席执行官时，员工患上权威偏误的危险就更大，这对公司的长远发展是极其不利的。

尽管如此，任何时候都有不同的权威在"流行"：国王们头戴王冠，军队中有军衔标志，医生和研究人员则通过他们的白大褂。只要人们希望被人认出，就必须用某种信号显示他们的身份，这些人可能是神职人员、武士、罗马教皇，又可能是哲学家、诗人、摇滚明星、电视制作人、互联网公司创始人、对冲基金经理、银行总裁。当然，其他信号还有名人访谈的邀请、图书和其他出版物等。

不过，即便如此，当面对权威、遇到一位专家时，不管什么时候，你都要设法向他挑战。你对权威的批判性越强，你就越自由，越相信自己有更大的能力。

2. 你为什么应该忘掉过去

> 我们为什么常常会为打翻的牛奶而哭泣,其实,在你为错过太阳而哭泣的时候也许错过了星星!

◎ 3段故事的背后

故事一

电影放映半小时后,他对妻子耳语说:"走吧,我们回家吧。"一向挑剔的他实在看不下去如此烂的片。

她回答:"这怎么能行,我们不能白花30欧元买电影票。"

"这算不上什么理由。"他开始抗议,"30欧元已经花掉了,你这是在纠缠沉没成本。"

"我简直受够了你那没完没了的思维错误。"她说道。说到"思维错误"时,她的嘴里好像含着什么苦涩的东西。

故事二

第二天是公司例行的营销会议,眼看着广告宣传的影响已经连续3个月远远低于预期,他主张立即停止此事。

广告部的负责人却理直气壮地反驳他:"我们已经投入了这么多钱做宣传,要是现在停下来,那些钱就全都打水漂了。"他心想,眼前这个人也是在抓住沉没成本不放手。

故事三

他的一位朋友被一段问题恋情折磨了多年。这位朋友一次次被那个女人欺骗。每当他逮住她时，她都后悔不迭地回来，恳求他的原谅。虽然再跟这个女人维持关系早就没有意义了，但他还是一次次地接受了她。

当他与这位朋友谈论此事时，对方是这么解释的："我在这段恋情中投入了那么多感情，现在离她而去是错误的。"他叹了一口气，又一个被沉没成本纠缠的人啊！

◎可怕的沉没成本

任何时候，每个决定不管是私人的还是业务上的，始终都是在不确定的情况下做出的。我们的设想有可能兑现，也有可能落空，当然，我们也可能为此承担后果，比如中断某个决定，结束某个项目。很显然，不确定情形下的权衡完全是一种理性行为。

然而，就在我们已经投入更多的时间、金钱、能量以及爱等因素之后，沉没成本往往令人难以放手、难以释怀。于是，之前已经投进去的金钱、时间以及精力就成了我们继续做下去的理由，即使客观来看坚持下去毫无意义。但是，我们的投资越多，沉没成本就越大，将项目继续做下去的理由就会变得越充分。

在这方面，股市投资人可以说是典型的沉没成本的受害者。他们在决定是否出售股票时常以买入价作为参照。如果股价高于买入价，就卖掉股票；如果股价低于买入价，就抱住不卖。毫无疑问，这种做法是不理智的，我们绝不可以让买入价处处扮演关键角色。唯一重要的是股市未来的前景（和可选投资未来的行情）。每个人都会出错，特别是在风云变幻的股市里。纠缠于沉没成本的不幸，其关键就是：你投资一支股票亏的钱越多，你越是抱紧它不放。

◎究竟是什么让我们欲罢不能

那么，为什么我们会有如此荒谬的行为呢？因为人类总是努力让自己表现得更坚韧。坚韧是我们发出的可信信号，而我们又是如此害怕矛盾。如果

我们决定中断一个项目,就是在制造矛盾:承认从前的想法与今天的不同。然而,若是继续执行一个无意义的项目,就是在推迟这一疼痛认识。那样我们就显得更坚韧了。

举一个例子:某些战争之所以被延长,正是因为这一点:"为这场战争,我们已经牺牲了这么多士兵的性命,此刻放弃将是错误的。"其实,类似这种句子在我们身边无时不会出现:"我们已经行驶了这么远……""我已经读了这本书的这么多页……""我已经花了两年时间接受这个培训了……"如此说来,你是如此与沉没成本难舍难分。

事实上,有许多充分的理由可以支持你继续投资下去,但如果你只是因为舍不得已经作出的投资而决定继续做某件事的话,就不是一个好理由了。

再来看这样一个例子:以前有一位老人来城里看望儿子。儿子给他买了很多东西,有一双鞋子令他爱不释手。老人坐在回乡的火车上,不停地把玩这双心爱的鞋子,自豪地告诉邻座的人,这是儿子孝顺他的礼物。忽然,老人一不小心,将一只鞋子滑落到窗外。一时间,周围一片肃静,大家都看得出老人有多喜欢这双鞋。出乎意料的是,老人随即将另一只鞋也拿起来,用力扔出窗外。旁边乘客互相看了看,很不解,问他为什么要把另一只鞋也丢掉。老人说:"这只鞋子对我来说已经没有用了,如果一个人正好从铁路旁经过,他就可以得到一双鞋,而不是一只鞋。"

这位老人是不是很可爱,当然,他的善良可爱是因为他能深刻领会沉没成本的意义。虽然老人非常喜欢那双鞋子,但是当他不小心把其中一只掉到窗外时,对他来说,这双鞋子就没有任何意义了,当他在作决策时就不该再考虑这双鞋子的价值。把鞋子丢出窗外,既减轻了自己对所犯错误的后悔情绪,还因为做了件好事而心情愉悦,何乐而不为呢?由此看来,人们在做一件事的时候,应该学会忽略沉没成本,专注于未来的成本和收益。

3. 向高手学习为何取不来真经

> 为何我们感觉的往往与实际情况有很大的距离？统计学里将这类因结果导致错误认知的情况，称为"幸存者偏差"。

◎人们往往看不到失败者的墓地

不管我们望向哪里，都能见到摇滚明星。他们出现在电视里，出现在音乐会节目单、画报封面和网络论坛上。我们到处都能听到他们的歌曲，可以说，摇滚明星无所不在，他们在我们的心中，无不是成功的。

于是，在无数吉他英雄成功的激励下，不少人也组建了自己的乐队，可是他们也会成功吗？估计这些人与许多人一样，最终也会走向失败音乐家的墓地。事实上，墓地里音乐家的数量要比娱乐节目舞台上的多几万倍，但是我们从来不曾见过哪位记者关心过这些失败者，当然，那些落魄的明星除外。因此，人们往往看不到失败者的墓地。

◎幸存偏误的误导

的确如此，日常生活中，我们往往更容易看到成功、看不到失败，我们会系统性地高估成功的希望，认识不到成功的概率到底有多微弱。要知道，每位成功的作家背后都有无数个作品卖不出去的作家，每个作品卖不出去的作家背后又有无数个找不到出版社的作者，每个找不到出版社的作者背后又都有无数个抽屉里沉睡着刚刚动笔的手稿的写作爱好者。这就是

幸存偏误对我们的误导。

然而，不了解现实的你或许与那些热衷音乐，并且想要做出点什么的人一样，对成功总是抱有一种幻想，根本认识不到作家的成功概率有多小。不仅如此，企业家、艺术家、运动员、建筑师、摄影师、诺贝尔奖得主、电视制作人和选美冠军的情况也是一样。但残酷的是，媒体根本没有兴趣去刨挖失败者的墓地，当然这事也不归他们负责。这就意味着，要想缓解幸存偏误，你就得了解这些。

在涉及金钱的问题时，你也会出现幸存偏误。举例来说，如果你的一位朋友想创业开一家公司，你也会考虑参与投资，因为你嗅到了机会。一旦公司成功，则有可能成为下一个微软公司。你的运气有可能会好，可现实又是如何呢？最有可能的情形是，公司根本成立不起来。还有一种可能是，公司成立几年后就破产了。事实上，幸存下来的公司大多会萎缩为一家员工人数不足10人的小企业。

市场中的"幸存者偏差"现象更是俯拾皆是。投资人在市场不景气的时候，往往会把扭亏为盈的希望寄托在跟随"正确的专家"上。因此，股市百战百胜攻略之类的书籍随处可见，股市实操全告诉你之类的培训班门庭若市。不可否认，极少数股市投资人曾在短期内取得了非常可观的回报，也有个别投资大师的业绩在较长一段时间内能跑赢市场，然而这些成功的模式是可遇而不可求的小概率事件，也往往无法复制。

让我们再以道琼斯指数为例说明一下，它是由纯粹的幸存者组成的。因为失败公司和小公司——大多数公司——是不会出现在股票指数里的。因为股票指数并不能代表一个国家的经济，就像新闻不会报道所有音乐家一样。

看来幸存偏误这个小魔鬼真的就像哈哈镜一样会扭曲成功的概率。在我们跟随而动的背后，不成功却是大概率事件。我们无不是被媒体对成功公司的介绍彻底给迷惑住了。

◎作出准确预测

不可否认，我们当中的很多人常常系统性地高估了成功概率，是因为

"幸存者偏差"让我们只看见了成功者,并因此对成功的机遇形成一种偏颇的看法。殊不知,在一些极端成功的例子背后往往是运气使然。人们出于一些心理上的天性(常常是过度自信)导致无法按概率的指引而采取正确的行动,从而热衷于追逐小概率事件。尽管有无数事实已经告诉我们:百人参与则有九十九人可能会亏,很多人却偏偏认为自己就是那天才又幸运的1%。

为此,我们需要尽可能去逛逛曾经大有希望的项目、投资和事业的"墓地",虽说这样会有些伤感,但对你是有好处的。

4. 为什么不要带漂亮闺密去相亲

> 很多时候，我们就像鸟儿听到枪声一样会对对比做出反应。我们振翅飞起，很快行动起来。然而，不利的是，我们却常常发觉不到逐渐发生的小变化。对比效应就是这样一种现象。

◎ **发生在身边的对比效应**

罗伯特·西奥迪尼在他的《影响力》一书里介绍了希德和哈利两兄弟的故事。早在20世纪30年代，希德和哈利两兄弟在美国经营一家服装店，希德负责销售，哈利负责裁剪。每当希德发现镜子前的顾客真的喜欢一套西服时，他就会赶紧假装有点耳聋。当顾客询问价格时，希德就会转身对他的兄弟喊道："哈利，这套西服多少钱？"

哈利从他的裁剪台上抬起头，答道："这套漂亮的棉质西服42美元。"这价格在当时显然高得有些离谱。

希德假装没听懂又问："哈利，多少钱？"

哈利重复那个价格："42美元！"

希德听后，转过身向他的顾客说："他说22美元。"

那位顾客听到后赶紧将22美元放到桌上，抢在可怜的希德发觉"错误"之前，带着昂贵的衣服匆匆离去。

再来看一个例子，在我们的学生时代，很多人可能都做过下面这个实验：拿来两只桶，在第一只桶里倒进温水，在第二只桶里倒进冰水。紧接着，我们先将右手插进冰水里，保持一分钟，然后将两只手同时插进温水里。这时，你会有什么感觉呢？左手感觉水是温的，右手却感觉水是烫的。

希德和哈利的故事与水的试验都是建立在对比效应的基础上，换句话说，当我们同时面对某种难看、便宜、小的东西时，我们就会判断出另一种东西更漂亮、更贵、更大。这就是市场营销和消费者行为学中神奇的"对比效应"。

◎神奇的对比效应

"对比效应"之所以神奇，主要是因为这种现象违背了传统的经济学原理。让我们回顾一下传统的经济学原理。在封闭的市场里，有A和B两种产品在竞争。A产品质量好，B产品价格优惠。A产品和B产品都有一定的市场份额，关心质量的人选择A，关心价格的人则选择B。

这时，如果加入任何一个C产品，从经济学原理来看，A产品和B产品的市场份额都会因为新的竞争对手的加入而有所下降。然而，"对比效应"却告诉我们，如果加入的C产品在各个方面都不如B产品，那么，B产品的市场份额不仅不会下降，相反还会因为和C产品之间的对照而获得优势，从而导致其市场份额的上升。这就是神奇"对比效应"的作用。

由此可见，消费者的决策和选择并不是如传统经济学原理告诉我们的那样，客观地根据各个产品的价格和质量属性进行独立判断，而是经常受到决策情境的影响。对于企业来说，完全可以利用"对比效应"巧妙地引导消费者的选择，从而取得竞争优势。当然，对于消费者来说，若是知道"对比效应"的存在，你的判断和决策就可以更理性。

◎非理性的行为

在我们的日常生活中，"对比效应"现象不胜枚举。很多私家车主往往会为自己的新车选购真皮车座，因为在他们看来，3万元相对于60万元的车价来说只是笔小钱。事实上，所有靠销售装潢用品生存的部门都在玩弄这一把戏。

但是在另外一些地方，对比效应也有效。试验表明，为了节约100元，

人们往往会走10分钟的路去购买一种食物。可是，如果能在步行街的另一端花8790元而不是8890元买一套西服，谁也不会想去走这10分钟的路。很显然，这是一种非理性的行为，因为10分钟还是10分钟，100元还是100元。

折扣销售是商场最便捷的促销手段，但是，如果没有对比效应，就完全无法想象打折生意是怎么进行的。某产品从1000元降到700元，很显然会比一直就卖700元的产品更有销量。然而，事实上最初的价格根本无关紧要。

再来说一个投资话题，不少投资者常常有这样的疑惑："这支股票便宜，因为它只有最高价的50%，到底要不要出手呢？"事实上，股票价格永远不会"低"或"高"。它是怎么样就是怎么样，唯一值得考虑的就是它从这一刻起是会涨还是会跌。可以说，对比效应是常见的思维错误之一。

◎当心，对比效应毁掉你的生活

很多时候，我们就像鸟儿听到枪声一样会对对比做出反应。我们振翅飞起，很快行动起来。然而，不利的是，我们却常常发觉不到逐渐发生的小变化。

5．为什么经验有时会让人变蠢

> 我们的大脑好比一部联想机器，尽管我们非常清楚一次次的意外事故是多么不可能重复发生，但是我们的理智怎么也无法将这归咎于错误的情感联系。

◎经验未必是真理

凯文已经是第3次向董事会汇报他的工作成就了。每次都很完美，每次他都会穿着他的印有黄色波点的内裤。显然，他想："这是我的幸运内裤。"

下班后，凯文独自逛珠宝店，看着女营业员是那么漂亮，他不好意思拒绝，只能买下她随便拿给他看的1万欧元的订婚戒指。1万欧元，这早已超出他的预算，但潜意识里凯文将这枚戒指与女营业员的美貌联系在了一起。他想，他那未来的妻子戴上这枚戒指一定会非常光彩照人。

每年凯文都会去同一个地方做一次全身体检。医生大多这么说他："凯文，相对于你的44岁年龄，还相当健康。"至今凯文只有两次是带着令人震惊的诊断离开医院的。一次是前列腺肿大，幸好复查时证明那不是癌症，而是炎症；另一次是必须迅速动手术切除的盲肠。当凯文两次离开医院时，不免有些失控，更让他印象深刻的是，这两次都是特别热的天气。从此，每当阳光火辣辣的时候，凯文就会感觉不舒服。如果约好见医生的

那天很热,他就会临时取消。

◎错误的知识是怎么形成的

我们的大脑就好比一部联想机器。举例来说,当我们吃了一种陌生果子,食用后又感觉不舒服,于是将来我们就会回避接触类似的植物,认为它的果子有毒或至少是吃不得的。知识就是由此形成的,只是错误的知识也是这么形成的。

最早研究此事的人当数苏联生理学家巴甫洛夫。早些时候,他原本只想测量狗过量的唾液分泌。具体研究程序是这样的:每当他给狗喂食之前,就会先摇响一只小铃。不久,光是摇铃就足以让狗产生唾液,它们将功能上彼此毫无关系的两样东西联结在了一起:铃响和产生唾液。

生理学家巴甫洛夫的方法也同样适用于人类。以广告为例,它成功地将产品与积极的情感联系在了一起。因此,你永远也不会看到可口可乐与一张布满皱纹的脸同时出现在一起。于是,喝可口可乐的人总是给人年轻、漂亮、无比快乐的印象。

◎联想偏误对我们的影响

当然,这种错误的认识也会影响我们作决定的质量。在电话营销和电子邮件营销之前的时代里,推销员常常会挨门逐户地销售他们的货物。有一天,商贩乔治·福斯特经过一座空房子,在此之前,他根本不知道里面无人居住。令人不可思议的是,一处小小的煤气泄漏让那座房子在几个星期的时间里充满了易燃的煤气。

然而,不幸的是,房子的门铃坏了。就在福斯特按门铃时,突然溅起星星点点的火花,房子瞬间就爆炸了。于是,福斯特不得不被送进医院。幸运的是,他很快又重新站起来了。但是由于福斯特对门铃按钮的恐惧是如此强烈,所以在接下来的许多年,他都不能再从事自己的工作。福斯特非常清楚,这一意外事故是多么不可能重复发生,但他的理智怎么也无法将这归咎于错误的情感联系。

从这些发生在我们身边的事情中,我们可以学到什么?恐怕没有谁讲得比马克·吐温讲得更贴切了："我们应该注意，一个经历里隐藏着多少智慧，我们就只汲取多少，不要多，好让我们不像坐过热灶台的猫一样。被烫过的猫永远不会再坐到热灶台上去，这是对的，但它也永远不会再坐到冷灶台上去了。"

6. 为什么有说服力的故事常常会误导人

> 故事被描绘得越有说服力、越感人，我们越会掉进关联谬误的陷阱。虽说直觉思维更偏好可信的故事，但是作重要决定时不顺从它们对你是有好处的。

◎抉择

先来看这样一个案例，杰克今年35岁，大学主修哲学，高中以来就致力于研究第三世界的课题。大学毕业后他在西非的红十字会工作了两年，然后又在日内瓦的红十字会总部工作了3年。在那里，他被晋升为部门负责人。之后，杰克又读完MBA，针对"企业家的社会责任"撰写了他的论文。

下面请问，针对杰克的情况，下列哪种情况的可能性更大呢？（1）杰克在一家大银行工作；（2）杰克在一家大银行工作，并负责银行内部的第三世界基金会。

如果你像大多数人一样思考，你会选（2）。可惜的是，这个答案是错误的，因为答案（2）不仅包括杰克在一家大银行工作，而且满足另外一个条件。但一个不可置疑的事实却是，既是银行家同时又为一家银行内部的第三世界基金会工作的人的数量只是银行工作人员的一小部分。所以，答案（1）的可能性更大。也许你还是觉得答案（2）更有可能，但这就是关联谬误效应。

◎ 我们为什么会掉进关联谬误的陷阱

那么，我们为什么会掉进关联谬误的陷阱呢？因为我们会直觉地理解"和谐的"或"可信的"故事。事实上，我们将杰克的故事描绘得越有说服力、越感人，我们犯这一思维错误的危险就越大。

现在如果再继续问你，杰克今年35岁，下列情况哪种可能性更大：（1）杰克在一家银行工作；（2）杰克在法兰克福的一家银行工作，具体的工作地点在×××。想必你应该不会再上当了。

再举一个例子，请看看下面两种可能性哪个更大：（1）法兰克福机场关闭了，航班被取消；（2）法兰克福机场因天气恶劣关闭，航班被取消。这一回，想必你肯定说答案（1）的可能性更大，因为答案（2）必须满足另外一个条件，也就是恶劣天气，至于具体原因可能是由于炸弹威胁，也可能是意外事故或罢工关闭。

只不过，我们面对"可信的故事"时，不会想到这些事。当然，你也可以与你的朋友们做做这个测试。你会发现，大多数人还是会选答案（2）。

◎ 无处不在的关联谬误

在1982年的一次关于未来石油消耗形势研究大会上，专业人员被分成两组。丹尼尔·卡尼曼向A组这样预测："1983年石油消耗会下降30%。"与此同时，他又向B组这样预测："1983年油价飙升会导致石油消耗下降30%。"

当受试者被要求必须说出他们认为这种预测实现的可能性有多大时，结果一目了然：B组比A组更相信卡尼曼向他们所作的预测。为此，卡尼曼认为存在两种思维：一种是直觉、机械、直接的思维；另一种是有意识、理性、缓慢、有逻辑的思维。可惜的是，早在有意识的思维开始之前，直觉思维就得出了结论。看来，就连专家们也会犯关联谬误。

现在请你注意直觉思维和有意识的思维之间的区别。直觉思维偏好可信的故事，作重要决定时不顺从它们对你是有好处的。

7. 为什么不要以结果判断决定

> 人们总是更倾向于以结果判断决定，而不是当时作决定的过程。其实，结果好不一定意味着当时所作的决定就是对的，结果差也不一定意味着当时所作的决定就不对。

◎ "成功猴"的故事

先来看一个思维试验。

假设有100万只猴子在股市上投机，它们自然也是纯随机地买卖股票，结果会发生什么事呢？一年后，约一半猴子的投资赚钱了，另一半亏钱。第二年，这帮猴子又是一半赚钱，另一半亏钱。10年后，大约只剩下1000只猴子，它们每次投资都是正确的。20年后，只剩下1只猴子，它的每次投资总是正确的，这只猴子成了亿万富翁。我们叫它"成功猴"。

对于"成功猴"，媒体会做何反应呢？他们会冲向这只动物，找到某种原理，去阐述它的"成功原理"。也许这只"成功猴"吃的香蕉比其他猴子多，也许这只"成功猴"坐在笼子的另一个角落里，也许这只"成功猴"是头朝下吊挂在树枝上的，也许这只"成功猴"捉虱子时思考的时间很长。

总之，这只"成功猴"一定拥有某种成功秘诀，否则一只20年来总是作出正确投资决定的猴子，怎么可能一无所知，怎么可能会有这么出色的表现呢？不可能！

◎人们往往倾向于以结果判断决定

不过,"成功猴"的故事恰恰说明了结果偏误,即我们更倾向于以结果判断决定,而不是当时作决定的过程。

举一个经典的例子,就是日本偷袭珍珠港事件。珍珠港这座军事基地是不是应该疏散呢?站在今天的角度,自然是应该疏散的,因为有大量线索说明,日本即将对其进行袭击。不过,这些线索是事后回顾时才显得如此清晰。在1941年,存在着无数自相矛盾的线索,有的说要袭击,有的说不会袭击。要判断此决定,也就是是否疏散的好坏,必须置身于当时的情境,过滤掉我们事后知道的一切信息,尤其是要过滤掉珍珠港果真遭到袭击的事实。

◎不要以结果作评判

再来看一个思维方面的试验,研究人员为了分析3位心脏外科医生的成绩,于是让每位外科医生进行5次高难度的手术。多年后,当初接受手术的病人的死亡率在20%左右。具体结果是医生A的5个病人一个也没去世,医生B的病人一个去世,医生C的病人两个去世。我们该如何评价这3位医生的成绩呢?如果你像大多数人那样思考,认为医生A是最优秀的,医生B次之,医生C是最差的,你正好犯了结果偏误,这是因为抽样试验的范围太小,结果相应地也说明不了什么。

那么,又该如何评价这3位医生呢?事实上,只有当你对他们的技术有所了解,并且仔细观察过他们的手术准备和执行过程时,才能做出正确的评价。也就是说,为了作出正确的评价,你要分析过程而不是结果。当然,也可以为此进行一次规模大得多的抽样调查,远不是5次,而是100次或1000次手术。实际上,你只要理解一点就够了:对于一位普通的外科医生而言,病人一个不死的概率是33%,死一个的概率是41%,死两个的概率是20%。

由此看来,以结果评判外科医生是否优秀,不仅不准确,而且不道德。所以,在作决定之前,千万不要以结果判断决定,最好仔细研究一下这个决定是否出于理性而做出的。如果是,那你下回最好仍然这样做,哪怕上回的结果很糟。当然,也要明白一点:结果好不一定意味着当时所作的决定就是对的,结果差也不一定意味着当时所作的决定就不对。

8. 为什么我们宁可放弃也不愿采取行动

> 当无论是放弃还是行动都会带来损害的时候，大多数人往往会选择放弃，因为从主观看来，这样引起的损害更无害。

◎ 由两种假设说起

有两名登山者一起去征服一座高峰，让我们假设会发生下面两种情况。第一种情况是，第一个人不幸失足，掉进一处冰川缝隙。另一个人本来可以帮助他、营救他，却没有这么做，结果第一个人死了。第二种情况是，其中一个人将另一个人主动推进了冰川缝隙，不久后第二个人也死了。

这两种行为哪种更严重呢？理性地看，这两种行为同样应该遭到谴责，无论是放弃不救还是主动谋杀，因为两者的结果都是死亡。

但是某种感觉告诉我们，放弃不救不如后者严重。这种思维错误人们称为"不作为偏误"，意思是说，无论是放弃还是行动都会带来损害的地方。在这种情况下，大多数人往往会选择放弃，因为从主观看来这样引起的损害更无害。

◎ 一个荒唐的决定

让我们再假设你是医生，现在摆在你眼前的一大问题就是是否要批准将一种药品用于垂死病人。研究者告诉你，这种药品的副作用很强，它会当场杀掉20%的病人，但是却能够在短期内挽救80%的人的生命。你会怎么决定呢？

像大多数人一样，你可能会作出禁止审批通过的决定。你感觉当场将20%的病人送去西天的药物要远比本来能够抢救80%的病人但没有施救的事实更为严重。

◎ 重新认识不作为偏误

不作为偏误还解释了为什么事实证明注射疫苗能降低生病的风险，但家长们在考虑要不要给自己的孩子注射疫苗的问题时，还是会犹豫不决。客观地说，如果孩子后来果然生病了，应该指控父母主动伤害孩子。

没错，我们总是感觉故意放弃不如受谴责的主动行为严重。比如，投资者和经济记者感觉不研发新产品不如研发错误产品严重；我们身边的很多人总是觉得抱着几年前买的升值潜力差的股票不卖不如卖了再买错股票严重；给自己的房子安装隔热层不如为了取暖燃烧明火严重；不申报收入不如伪造纳税资料严重——虽然结果都是相同的。

这么说来，行动偏误就是不作为偏误的反面吗？不完全是。当形势不明、矛盾重重、看不透前景时，行动偏误就会插手了。此时我们更倾向于做无用功，哪怕是没有这么做的合理理由。然而，不作为偏误的形势在多数情况下则是一目了然的，今天的行为可以防止未来的损害，但防止损害对我们的激励并不强。

9. 为什么人们越舒适越抑郁

> 现如今，抑郁症的发病率正在逐年上升，抑郁症为何会突然之间"风靡一时"，变得如此普遍呢？

◎ 关于抑郁症

2009年11月11日，德国足球队"最强铁闸"门将罗伯特·恩克闹自杀，原因就是被抑郁症摧垮。近年来，一系列的自杀新闻，让人扼腕之余又瞠目结舌，究竟是什么原因让他们自结生命？抑郁真的如此凶猛？

抑郁症患者被认为是"世界上最消极悲伤的人"，与常人相比，他们偏于安静、话语不多、不喜欢成为焦点，消极待人对物，缺乏自信，无法充分享受生活之乐，并倾向悲观厌世。作为常见心理疾病，抑郁症包括一系列症状和行为表现。世界卫生组织的保守估计，半数人一生曾罹患抑郁症，而且大量研究还证实，30%~50%的人在一生中的某些时刻都曾是符合现代心理学诊断标准的抑郁症患者。有报告预测，截至2020年，单向重型抑郁症将成为全球疾病负担第二大原因，仅次于缺血性心脏病。

毫无疑问，抑郁症的发病率正呈逐年上升的趋势。相关数据表明，与10年前相比，上海市的抑郁症发病率由1%升高至4%~5%，接近美国的人群发病率。抑郁症为何会突然之间"风靡一时"，变得如此普遍呢？

◎生活舒适致抑郁

纵观人类的发展史，抑郁从未与人远离，牛顿、贝多芬、梵·高、爱因斯坦、海明威都曾受抑郁症的困扰。近年来，抑郁症等精神疾患的加速出现与社会发展的迅速、竞争压力的加剧不无关系。除此之外，人们对抑郁症的认识不断增多，知晓率升高，也使得这一疾病更为社会所关注。

以往，抑郁症常常被误诊为其他疾病，有时，还会被误认为是古怪的性格而遭到周围人的忽视。近年来，随着人们对精神健康、自由与舒适生活方式的重视，抑郁症的发生率更是日趋升高。

一位来自美国的心理学领域研究者凯利·兰伯特在其著作《挑战抑郁症——一位神经生物学家的实践，激活大脑的康复能力》中谈到，生活舒适往往会导致抑郁，年轻人更易受此疾患的困扰。

兰伯特认为，现今的生活方式存在着危害心理健康的诸多因素。人们在享受科技改变生活所带来便捷的同时，抑郁症的发病率也逐年上升。兰伯特还进一步指出，这一切可以从人类的进化过程的角度来解释。

古时候，人们为了生存，必须在恶劣的环境下进行艰苦的体力劳动，而大脑里却存在一个"努力驱动的奖赏机制"。换句话说，虽说劳动很辛苦，但能换来愉悦感，从而补偿劳动的辛苦感。可是现如今，能够让人类亲力亲为的事情已经非常少了，所以，劳动所带来的快乐奖赏自然也很少。换句话说，人类"廉价出售了自己的精神健康"。

◎是进化的需要

"郁闷"曾是众所周知的网络流行语。事实上，情绪低落是人的生命历程中最正常不过的事情。从进化论的角度来看，"郁闷"完全是一种自我保护机制。早在2009年6月，美国密歇根大学的心理学家伦道夫·奈斯在《性格与社会心理学杂志》中曾发表研究称，情绪低落会阻止人们去做伤害心理的事情，特别是阻止人们设定那些遥不可及的目标。

举例来说，对大多数常人而言，想成为股神巴菲特是"那些遥不可及的目标"中的一种，然而，追求这种目标是对精力和资源的浪费。直到有一

天，当你获知成为巴菲特的梦想遥不可及时，追求超出个人能力、过于高远目标的动力就会减退。

这听起来虽然让人感觉很不快，但是从另一层面看，不再好高骛远反倒让你保留了精力，以便追寻更新的目标。对你而言，做个关注大盘、理性投资的股民，或许更有实际意义。从科学角度来理解，适度沮丧并心生郁闷，可以说是人们应对失败的自然反应，如果这种逃避机制运转失灵或是不再运转了，很可能就会导致真正的抑郁。

抑郁是一种调适，一种既能带来真实代价，又能带来真实好处的精神状态。这一观点，早在2009年7月，就被美国弗吉尼亚联邦大学精神与行为遗传学中心的保罗·安德鲁与安德森·汤姆森在《心理学评论》中提出。换句话说，抑郁像把双刃剑，利弊共存，祸福相依。这也说明了抑郁是常见而普遍的，是进化的需要，不能算作疾病。安德鲁还认为，抑郁的人常常会以高度分析性的思考模式去激烈地反思问题，并持续很长时间。就是说，抑郁的人往往执着于复杂问题，逐个细化并且一次只思考一个。

其实，抑郁症并非一时想不开，心里不痛快。从医学上看，抑郁症是一种疾病，影响人体健康。目前，很多人把抑郁症视为一种心理疾病，这并不意味着抑郁症与人体生理完全没有关系。事实上，越来越多的证据表明，5-HT[①]是抑郁症发病和治疗中的关键一环。

◎少宅多动

这里所说的5-HT能够让人产生良好情绪，对心情、睡眠和饮食都十分重要。脑内5-HT的含量高，人就容易快乐；反之，如果脑内5-HT的含量偏低，就会导致郁郁寡欢。现如今，被许多人熟知的抗抑郁剂正是为恢复脑内5-HT的平衡而研发的。目前，抗抑郁剂、各种心理咨询或治疗对80%以上的抑郁症患者是有帮助的。

日常生活中，要想改变脑内5-HT的含量，最简单的方法莫过于多晒

---

① 5-HT：中文名5-羟色胺，又名血清素，作为神经递质，主要分布于松果体和下丘脑，可能参与痛觉、睡眠和体温等生理功能的调节。

太阳、吃甜食。人体内多种激素均与光照有关系。简单地说，多晒太阳有利于"激活"大脑，产生更多的5-HT，从而对抗情绪低落、容易疲劳等症状。当然，特殊的"灯光疗法"也有一定的效果。当然，这里并不是说家中和办公室的灯光，因其光照强度不够，无法提供治疗效果，为此必须到专业医疗机构去咨询。

食物可以改变脑内5-HT的含量，从而让人快乐，这也不难理解。以水果为例，水果往往富含碳水化合物，即一般人所认为的糖。食用富含碳水化合物的食物对改善心情有惊人的效果，它能刺激胰岛素分泌，协助色氨酸等进入细胞，在大脑中合成5-HT。值得注意的是，由于色氨酸是合成5-HT的原料，这意味着多食富含色氨酸的食物（如乳制品、肉蛋类等）可能让人更有幸福的感觉。

◎ 快乐与基因的关系

快乐与否和基因也有一定关系。2009年2月，英国埃塞克斯大学教授伊莱恩·福克斯找到一种与情绪密切相关的基因，名为"5-HTTLPR"，它也被誉为快乐基因。在人体内，5-HTTLPR有长短两种版本，在相同环境和事件刺激下，携带"短"版基因的人更容易焦虑、害怕，患抑郁症的风险更高；而携带"长"版基因的人则不易抑郁。

一项来自《英国精神病学杂志》针对饮食习惯与精神健康关系的研究结果让人大吃一惊，该研究称，平时多食高脂肪、加工类食品的人，与多食果蔬、鱼类产品的人相比，患抑郁症的概率高58%。这一结果是在为期5年，追踪调查近4000名、年龄在55周岁左右英国公务人员饮食习惯后得出的。这意味着少食用高糖高脂的垃圾食品，更有利于身体健康，也有助于精神健康。

10. 重要时刻,大脑为何一片空白

> 在真实生活中,心跳加速、手心出汗,一心想不要紧张却偏偏紧张得要死,这种事大概很多人都经历过。是因为太紧张,所以搞得脑子一片空白吗?

◎关键时刻的"卡壳"

从小到大,无论是重要考试、比赛,还是当众演讲,心跳加速、手心出汗,一心想不要紧张却偏偏紧张得要死这种事很多人都经历过不少次。

为了那个重要的时刻,你已经准备了无数日夜,就差临门一脚。但是,眼前的考题无比眼熟脑子就是不转弯,球拍挥到空中打出的球就是不在道儿,词说了一半下半句却怎么都想不起来……关键时刻,你在一瞬间的"卡壳"总是压倒了之前无数的努力。生活对你怎么这么不公呢。这种时候,你可能以为是自己太紧张了,下次一定要放松。其实,紧张情绪并不是导致你大脑一片空白的真正原因。

◎大脑"卡壳"的秘密

在芝加哥大学,心理学教授沙恩·贝洛克为此进行了一系列实验,他发现大脑"卡壳"的秘密在于"工作记忆"这片田。

人的记忆分为长时记忆和短时记忆,长时记忆就像是超大的计算机硬盘,永久存储着你的记忆;而工作记忆就是短时记忆的一部分,它像内存,只存放那些你正在用或者马上要用的东西。这就类似计算机的工作原理，你需要的信息会先从长时记忆中提取出来，放到工作记忆中，然后再通过你的五官四肢执行出来。

日常生活中，几乎每件事情都离不开工作记忆。以系鞋带为例，鞋带开了要重新系，你的工作记忆就会立刻清空刚才的结果，改成"两根鞋带交叉打结"的指令。

沙恩·贝洛克还发现，一个人如果太担心结果不好，这种担心就会占用工作记忆，而且长住不走，结果你需要的信息就没地方放了。就像是内存满了，硬盘里有再多文件也是白搭。

有时候，这种担心源于你自己的不自信，也源于你的刻板印象。比如，女生担心数学、物理考试会比男生低，新人担心自己比不过前辈，正是因为他们的工作记忆里充满了这些担忧，所以该放的东西怎么都挤不进来。而那些没有被灌输性别偏见的女生，她们的数学成绩就超出了平均水平。

◎如何让"工作记忆"空出来

其实，要想让工作记忆空出来，方法很简单，随便找一个想开始就开始、想停止就停止的东西占着它就可以。哼个小曲儿，唱个小调儿，让你的工作记忆里充满音符就可以。也许你会说在考场时可不能唱歌啊？那就想一些其他事情，只要是你能控制的念头就行。总之，重要时刻，在你的工作记忆里只能存放两种东西：你能控制的和你需要的。当命运再次降临时，别再让硬盘里的绝技空等，做一个深呼吸，尽情释放它们吧！

11. 为什么笔迹分析并不可靠

> 现实生活中，有人从星座看性格，有人从生辰生肖中看性格，也有人从血型中看性格，当然，也不乏从笔迹看性格的人。你的性格真的会被笔迹出卖吗？

◎ 身边的"笔迹心灵学"

从一个人的书写笔迹可以推测他的性格特点，这种思想具有非常悠久的历史。早在我国汉代时期，文学家扬雄曾说过："言，心声也；书，心画也。声画形，君子小人见矣。"他认为一个人的字迹可以体现出其道德品性。

在西方国家，这种使用笔迹推断一个人性格的技术称为笔迹学。经过多年发展，西方的笔迹分析已形成了一套完整的产业，不仅有许多专门的笔迹分析公司、培训课程，一些企业甚至还将其应用到人事选拔工作中。

近年来，"笔迹心灵学"在我国国内也开始渐渐风行。这种笔迹分析技术具有非常高的准确性，不仅可以评估性格，还可以帮你寻找合适的对象，为各种重大的生活决策提供参考。

◎ 推测的基础

从形式上看，与星座、血型类似，笔迹学也试图通过一些直接可见、易于辨别的指标来推测难以把握的内在性格。如果这样的预测体系有效，前提是确实存在一种强有力的机制，能够将性格与指标联系起来。然而，无论是星座、血型还是笔迹学，对于这种背后的机制都没有给出一套令人信服的解释来。

被人们所熟悉的书写，属于一种后天习得的技能，涉及手部肌肉复杂的精细运动，并受到神经系统的调控。性格在一定程度上也可以还原为神经系统的活动模式，从这个意义上说，这两者之间也许存在着一定程度的关联。但是，这种关联过于空泛。一个人的性格或书写方式还会受到其他许多因素的影响，仅凭这样微妙的关系不足以支撑起一套有实际价值的预测系统。

从笔迹分析体系来看，许多分析规则其实是基于一种朴素的联想，比如字迹的"圆滑"代表性格的"圆滑"，笔画的"果断"代表性格的"果断"，等等。这种语义联系更像是一种隐喻，很难想象出有什么现实基础。

◎科学检验

虽然笔迹学没有什么科学根据，但是作为一种性格预测体系，其有效性还是可以通过科学方法来评估的。在心理学历史上，特别是在20世纪七八十年代，不少研究者曾对这个问题产生兴趣，涌现出了许多验证性研究。

常见的研究方法是找一些被试者提供书写文字，并完成性格测验，然后把书写材料交给笔迹分析师做性格分析，再与被试者的性格测验结果进行比对。为了避免书写内容的影响，研究者一般会要求被试者书写中性的内容（如说明性文字）。

遗憾的是，在这些严格控制的检验中，笔迹分析师的预测一般不会比纯粹的猜测强多少。1992年，心理学家Geoffrey A.Dean对于200余项关于笔迹和性格做了一项名为元分析的研究，发现笔迹分析和性格的相关系数仅为0.12，也就是说，笔迹学准确预测性格的比例不到2%，如此微弱的效应显然不具有任何实际应用的价值。另外，不同分析师之间的一致率也比较低，相关系数仅为0.42，而非专业人士的判断一致率也能达到0.3，这说明笔迹分析缺乏一套成型的标准，这也进一步限制了其有效性。

◎为什么人们愿意相信

既然笔迹分析如此不准确，那么为什么还有许多人愿意相信呢？可能有

以下几点理由：

首先，笔迹学的朴素思路迎合了大众的思维模式。性格本身是看不见摸不着的，但笔迹学将抽象的性格特征和具体的笔迹特点联系起来，通过语义联想建立起直观的对应关系，这就满足了一般人认识自我和他人的需求。

其次，笔迹分析师会利用许多笔迹之外的线索来做出推断，给人感觉有些道理。比如，一些笔迹分析者会对历史人物或当代名人的手迹讲得头头是道，其实这种分析是基于对目标性格特点的了解，再把笔迹特征套上去的。另外，笔迹分析师会从书写内容中提供线索，比如一段非常哀怨的文字的书写者更有可能性格忧郁，这样的推论和笔迹线索也没有什么关系。这样说来，在严格的科学检验下，笔迹分析师的准确率就和纯粹的猜测差不多了。

最后，就是著名的"巴纳姆效应"。1948年，心理学家福勒通过实验证明，人们倾向于认为一些空泛的、笼统的描述更符合自己，即使这些描述是随机选取的。比如，星座、笔迹学之类的伪科学都利用了这种认知偏差，它们给出的预测推论往往是广泛适用的，这一效应使得我们很容易接受这样的陈述，认为其有些道理。

12. 为什么约会吃饭也流行男左女右

有人曾做过这样一个调查，问："您喜欢自己的左脸还是右脸？"结果，大多数人的回答都是"右脸"。在男女朋友约会时，有男士总抢着坐在左边，展现右侧的脸给女朋友，难道是右脸比左脸更好看、更有魅力吗？

◎是谁出卖了你

也许很多人会认为是传统的男左女右观念在起作用，实际上不是这么回事。我们都知道，人的大脑有左右之分。有时左右对称活动，有时左右分别出现不同的表情，即出现不对称活动。当人们发自内心地欢笑或者悲伤时，人脸就会表现出左右对称的活动。此外，像咳嗽、打哈欠、打喷嚏等无法用自己的意志进行控制的生理现象，人脸也是左右对称活动的。

那么，什么时候人的脸会左右不对称呢？研究表明，当人对自己的感情有意识的时候，例如，失败后人们的沮丧；因为鄙视某人而表现出轻蔑；当众出丑时的面露苦笑……人脸都会表现出左右不对称。

◎左脸和右脸的真相

人的左脸表现出来的情绪更接近真实的内心，这是因为我们的左脑主管语言逻辑思维，比如，算术、伦理、分析、理论和解析等；而右脑则主管形象思维，比如，视觉、绘画、几何学、图像、直观感觉等。

然而，大脑和它所主管身体部位的方向恰好相反。主管情绪和感情的"右脑"，其支配范围在身体的左侧；主管伦理的"左脑"，其支配范围在身体的右侧。换句话说，谈话对象的真情实感是通过左半侧脸显露的，右侧脸流露出来的是理性的信号，而左侧脸表示的则是自己的情绪和感情。

研究发现，右侧是肯定性的感情，基本左右对称，而否定性的感情则被认为多在左侧流露出来。只有故意装出来的、按别人要求摆出来的表情才会发生不对称，比如发自内心欢喜的一张脸，就很少出现不对称。因此，左右脸不对称可以说是撒谎的线索。

与人接触、与人交谈的时候，最好不要和听者面对面，而是应该坐在其旁边。如果可能的话，最好坐在对方的左侧，那么就可以容易地读取到对方的真实想法了。

Part2 匪夷所思的行为
——为什么我们这样生活，那样工作——

为什么靠边的座椅受欢迎？为什么有的团队会让人变得懒惰？为什么长相好的人更容易事业有成？为什么有些人常常说一套做一套？

其实，我们之所以这样生活，那样工作，之所以会有这样那样匪夷所思的行为，并非我们刻意或深思熟虑后作出的选择。

13. 为什么桌子总是擦不干净

冬天的房间总是让人感觉很干燥，用来擦桌子的抹布也常常由于干透而变得硬邦邦的。假如桌子上有一小片水，直接拿干抹布擦一下，会发现抹布所到之处都是水渍，水只是被摊得更平了。为什么有时候干毛巾反而擦不干桌子上的水？

◎ 司空见惯的生活琐事

谈起擦桌子，可谓是司空见惯的生活琐事，但仔细研究，还是会有很多门道和智慧的。擦桌子的过程，简单地说，就是毛巾类的纺织物与桌子上的水渍接触，再利用毛细现象吸走水分的过程。

什么是毛细现象呢？就是毛细管作用，指液体在细管状物体内侧，在表面张力的作用下，克服地心引力上升的现象。在毛细管中，液柱重量与管径的平方成正比，而液体与管壁的表面张力只与管径成正比，这就使较窄的毛细管在吸水的性能上比较宽的毛细管更加显著。

◎ 不可忽视的干扰因素

当然，在现实生活中，看似简单的过程，会有很多因素对其造成影响，比如水渍的水量、表面积，以及桌面的材质，甚至还包括环境的温度和湿度等。至于毛巾类织物本身的一些特性，在吸水过程中，更是起到了举足轻重的作用。

第一，毛巾的吸水性大致与其表面积和厚度成正比。

第二，毛巾的材质。通常，植物纤维，也就是我们常说的全棉毛巾，它的吸水性要优于人造纤维。

第三，纺织的技术方法。对于相同材质，并且大小厚度均相同的毛巾，如果它的纺织中使用了较细的纤维，那么，它的吸水性会更优秀。因为纤维越细，成品表面同样面积内纺织孔隙就会越多，而且更狭小密集，孔隙则是毛巾发生毛细现象的关键。

◎为什么干毛巾的吸水效果不好

现在，我们明白了影响毛巾吸水的多方面因素，下面回到核心议题——干毛巾与湿毛巾的吸水性问题。我们先假设上文提到的全部因素都一致，在同样环境条件下，就相同材质且大小厚度一致的干燥毛巾与浸湿拧干的毛巾在同样的桌面，对同一水渍的吸水过程进行推论。

那么，为什么干毛巾的吸水效果会不好呢？首先，我们把干毛巾和荷叶联系到一起，因为它们有相通之处，荷叶有奇特的表面结构，在其粗糙的表面微结构中充满了空气，形成的空气垫又阻止了水向下渗透。而干毛巾的纤维中也是充满了空气，由于空气垫的阻隔，水不能顺利地进入毛巾的纤维中去。

其次，由于干燥毛巾处于脱水状态，纤维干瘪收缩，再加上纺织物本身的特性，使其织物表面显得很不整齐。虽然纤维一收缩，就会使孔径变得狭窄更有利于吸水，但是有的孔隙处却由于残留的污垢而导致纤维粘连，于是，发生阻塞并阻碍毛细的现象，从而影响干毛巾的吸水性。

◎吸水性提高的真正原因

那么，如果我们把毛巾浸湿后再弄干，吸水性会得以提高的真正原因又是什么呢？其一，毛巾浸湿时，大量水分会进入，这样就挤出了毛巾孔隙中的空气，关于这一点，我们可以在日常生活中通过观察弄湿干毛巾时有小气泡冒出的现象得到论证。其二，把干毛巾浸湿然后拧干，这一过程实际上就是用水软化毛巾，把其中的空气排出，之后再挤出一些水。在挤的过程中，

毛巾被一点点地压缩变形。在如此短的时间内，一些微结构孔洞中可能还有负压，但是只要一接触到水，马上就会吸入。

如此看来，生活中真实发生的情况远没有那么多的绝对，湿毛巾的吸水性也不见得就比干毛巾强。现实总是充满了不确定性，然而正是因为这些不确定，才有了如此丰富多彩的生活。

Part2 匪夷所思的行为

14. 为什么我们怕密集物

> 生活中，有些人看到密密麻麻排布的细小物体就会害怕，头皮发麻，头晕恶心。据说有这个症状的人，比恐高的人还要多。在这些密密麻麻排布的细小物体中，"莲蓬乳"就是其中之一。由"莲蓬乳"引发的症状叫"密集物体恐惧症"。

◎ 什么是害怕

在所有的精神疾患中，恐惧症是极其轻微的一种，症状很简单，就是恐惧某些东西或情景，即使明知道这种东西不会伤害自己，也会害怕。常见的恐惧症有恐高症、幽闭恐惧症、社交恐惧症、牙医恐惧症……大约有50%的美国成年人罹患此症。

不得不承认，恐惧让我们吃不下，睡不着，在朋友面前丢人。可是，为什么我们要害怕呢？不过，你可以想象，一只老鼠如果不怕猫，会发生什么事情……

话说海阔凭鱼跃，天高任鸟飞，在进化科学上有一个词，叫作"EEA"，意思是说，通过进化而适应的环境。对于动物而言，它们之所以害怕的东西，往往是在自己的EEA环境里有害的东西。比如，鹅害怕一切长形、棕红色、会动的东西，实际上是出于对狐狸的恐惧。试想一下，假如你用绳拉着一块狐狸皮走一走，也能把鹅吓得半死。

人类的EEA呢？实际上，人类的EEA在非洲热带草原上。我们害怕一切黑暗、高处、陌生的地方，对巨大的响声和突然跳出来的东西，当然还有蛇，或多或少都会感到恐惧，这些都是有道理的。在EEA的世界里，如果一个人不怕高，他会爬到30米高的树上，然后拽着树枝荡秋千；如果一个人不怕突然袭击，豹子会跳到他身上。

◎初探：表皮寄生虫

从上文我们已经得知，恐惧既是学习得来，也是进化的成果，还知道了恐惧是有益的适应，那到底为什么会有密集物体恐惧症呢？

根据前面所述，我们可以猜想，密集物体恐惧症也是进化的结果。我们害怕密密麻麻的物体应该和本能有关，因为密密麻麻的物体是有害的，不懂得害怕它的人就会受到荼毒。

看到这里，想必略有了解的人第一个想到的是表皮寄生虫，顾名思义就是寄生在人体表皮的昆虫：有两种，一种是南美洲的人肤蝇，还有一种是非洲的嗜人瘤蝇，两者的幼虫都是我们俗称的"蛆"。相比一般只吃腐肉的蛆，这两种蛆会钻进人体的皮肤，啖生肉为生。

不过，密集物体恐惧症真的源于对寄生蛆虫的恐惧吗？这种可能性不大。人肤蝇生活在南美洲，而人类的EEA是在非洲。嗜人瘤蝇虽然生活在非洲，但是它在同一个地方却只会产下一两个蛆，不会密密麻麻下一片，患处也只是凸起一个小点，不会像莲蓬乳这么醒目。

◎密集物体恐惧症的症状

第一个假说被抛弃了，让我们换个思路，再考虑一下密集物体恐惧症的症状，大致有以下几点。

症状1：体积大、数量少的不怕。引起密集物体恐惧症的首要条件是密集细小。

症状2：四方带棱的不怕，可怕的是圆点带状的。

症状3：错落散布的比挤成一团的可怕。

症状4：与背景对比越鲜明越可怕。

症状5：越有立体感越可怕，凸出的肿包或者凹进的空洞比平面可怕。

症状6：有大有小的比大小一致的可怕。

综上所述，激发密集物体恐惧症的条件是密集、细小、圆形、错落分布、颜色鲜明、有立体感、大小不一。

◎寻找那些值得一怕的东西

现在我们的任务就是寻找符合上述条件，并存在于EEA中，同时又危险得令人可怕的东西。下面提供一些备选答案，供大家参考。

嫌疑人1：疾病

首先我们必须了解，EEA中的常见疾病跟现代社会中的疾病不同。例如流感和黑死病这样烈性的传染病，EEA中就不能存在。比较有嫌疑的，是那些慢性病，在EEA稀疏的人群里也可以存在的。

说起慢性病，就不得不说慢性皮肤病，这类病往往伴随难以忍受的瘙痒。虽然这些病本身并不严重，但抓痒会把小病变成大病，而且抓过痒的手也很容易导致疾病的传染。更糟糕的是，一旦皮肤被抓破，EEA里可没有抗生素，一旦被感染了，就麻烦了，甚至还有可能会造成生命危险。

但是痒的感觉实在令人难受，不抓又不行，这时就需要有更强力的东西——恐惧，来克制抓痒的欲望了。因此，看到那些点点就发抖，你还会想到抓吗？

嫌疑人2：霉菌

在圆点状、色彩鲜明、有立体感、星罗棋布，而且大小不一的东西里，有一样常常被我们忽略，那就是霉菌。至于人们为什么会如此恐惧霉菌，理由也很简单，如果我们就算看上一眼星罗棋布的霉菌都觉得恶心，就能避免吃进发霉的东西了。

要知道，EEA里没有冰箱，也没有黄连素，于是，识别食物的新鲜程度就显得非常重要。既然我们已经有嗅觉和味觉把关，避免吃下腐烂的东西，以免中毒，为什么不在视觉上再加一道关呢？

嫌疑人3：昆虫

自然界中，很多有毒的昆虫往往会以鲜亮的颜色作为警告，比如金花

虫、大黄蜂、大桦斑蝶；有些毒虫还会以集群的方法警告敌人，比如，毛毛虫、瓢虫、金花虫都喜欢扎堆；鲜艳而有毒的红萤甚至还会分泌出信息素，催别人赶紧集合过来，这样可以使自己更加醒目，警告效果也更佳。

有人认为，色觉能帮助我们和猴子们寻找成熟的果子。所以，我们对颜色鲜艳的东西总是情有独钟：鲜花、华服、彩虹、宝石……这么一来，在我们看来，有毒的昆虫总是很靓丽，数量又大，实在是太有诱惑力了。

许多原始部落都把昆虫当作重要的蛋白质来源，可以想象EEA里的人类也是如此。如果我们对这些密密麻麻、花花绿绿的生物天生就有一种恐惧，就可以省去腹泻和弄一手怪味的麻烦。或许密集物体恐惧症实际上就是叫我们避开毒虫。

在原始社会，一般来说，采集昆虫等食物的工作往往都由女性担当，也许这正解释了，为什么女人比男人更怕虫的原因所在。

15. 接吻会不会传染病菌

> 亲吻本来是件甜蜜幸福的事，可是接吻无法避免跟对方的唾液接触，稍不留心，细菌就会乘虚而入。接吻虽好，但也要格外谨慎，千万别在错误的时间、地点亲吻错误的对象。

◎接吻，真有那么可怕吗

2009年春天，甲型H1N1流感开始蔓延，而接吻这件事则变得异样起来。据《环球时报》报道，为避免流感疫情继续发展，墨西哥当局劝导民众见面时最好不要接吻。英国、菲律宾当局也建议民众少接吻为妙。更有趣的是，墨西哥一家电视频道还决定从正在拍摄的连续剧中剔除拥抱、接吻等激情戏，改用眼神传情达意。

接吻，这一以爱为名的运动，真有那么可怕吗？是的。同其他流感一样，甲型H1N1流感也是通过飞沫或密切接触进行传播的。换句话说，在咳嗽、打喷嚏的时候，呼吸道里的病毒会随着飞沫散布在空气里。

一次咳嗽平均释放3000个飞沫，而一次喷嚏可使飞沫1秒钟内就可以到达6米之外。接吻这种亲密接触，可能使人直接身陷"灾区"，还可能使人近距离吸入对方呼吸道排出的病毒飞沫。看来，少接吻是有道理的。

◎"犯上作乱"的微生物

口腔是微生物繁衍的天然良田，光是细菌就有700余种，13毫升唾液里

的细菌数量约十几亿。接吻的话会不会引起感染呢？其实大部分微生物属于无害的正常定植，无须过分担心。只有在身体免疫力变差、口腔环境改变或口腔黏膜破损等情况下，这些微生物才可能"犯上作乱"。

　　如果口腔病菌作怪，最常见的就是口臭。恼人的气味甚至会让接吻成为难事一桩。原来，潜伏在舌下或牙齿中的细菌能分解蛋白质产生含硫气体，形成臭味。还有一种病叫"接吻病"，虽说病名华丽，其实就是EB病毒引起的单核细胞增多症。这种病毒存在于口腔分泌物中，能通过口水、飞沫传播。一个10秒以上的吻，足以将病毒传播给对方，所以美其名曰接吻病。此病据说与接吻过频有一定关联。研究显示，90%以上的人会在生命某一时期罹患此病。值得欣慰的是，此病身体的免疫系统完全可以对抗，在你倦怠不适、发烧喉痛前早已被消灭。总之，吻能传病，口水、唇舌、口腔内的病菌是致病关键。

◎病毒的传播途径

　　除此之外，乙肝与艾滋病能通过接吻传播吗？一般来说，艾滋病主要通过性接触、血液和母婴三种途径传播。虽说唾液里也会有艾滋病毒，却没有接吻传播艾滋病的病例报道。可能是因为唾液中艾滋病毒含量低，不足以造成感染。至于乙肝的传播方式则更为广泛一些，包括母婴、输血、密切接触及性传播等，此外，法式深吻或被咬伤也有可能传播乙肝。

　　总之，接吻虽好，但也要格外谨慎，千万别在错误的时间、地点亲吻错误的对象。

16. 人为什么会害羞

> 我们总是习惯把内向型的人等同于害羞的人，其实不然，羞涩的人的确更有可能是内向型的人，但是内向型的人并非就是害羞的人。当绝大多数人都和谐地融于社会交往中时，害羞者似乎就成了异类。其实，害羞只是一种正常的反应。

◎形形色色的反应

当身边的大部分人都能和谐地融于社会交往中时，害羞内向者反倒成了异类。其实，害羞是一种正常反应。正如俄亥俄州立大学的威廉·加德纳教授所说："害羞是人类性情表现的一方面。"

尽管如此，心理学家们依然热衷于对这一现象的研究。萨姆·帕特纳姆曾做过这样一个实验：在一间屋子里摆放了许多充满童话色彩的肥皂泡泡、万圣节的化装面具和会发出响声的玩具，然后把孩子们请到屋子里让他们自由玩耍。有些孩子一见到泡泡便兴奋地跑上去，有些孩子对那些会发出声响的玩具颇感兴趣。当一个戴着骷髅面具的人出现在他们面前时，还会高兴地尖叫起来。有些孩子则静静地站在一旁观察，还有些孩子反倒哭了起来。

◎羞怯是一种复杂的心理行为

萨姆·帕特纳姆把孩子们的不同反应记录下来，并且试图通过这些反应来回答一个问题：为什么有的人安于现状，对新事物感到紧张恐惧？在探寻

未知世界的过程中,为什么有人勇往直前,也有人最终退缩?

帕特纳姆研究的正是这种奇特的心理状态。许多科学家都相信,人之所以会害羞的原因就在于此。而实验结果也证明,那些对新环境抱有抵触情绪的人,更愿意将自己的想法埋在内心深处,他们在今后的生活中更倾向于产生紧张和消极的情绪。

通过观察研究孩子们的行为,并对他们进行脑部扫描以及基因测试,科学家逐渐解开了一些疑问。他们发现害怕是一种复杂的,从某种角度上说,还是有益的心理行为。当我们面对陌生人的时候,首先发生在自己身上的事情就是害羞,这种害羞情绪可能都盖过了紧张,也盖过了对陌生人那种半信半疑的猜度和焦虑。

其实,许多因素都会使人感到害羞,单纯的性格内向并非全部原因。如果你周末的时候更乐于待在家中陪父母,而不是去参加热闹的聚会,这并不能说明你是个害羞的人。除非你这么做的原因是为了避免聚会给自己带来焦虑感。关于这一点,哈佛大学心理学家杰罗姆·卡甘认为,较之一般的紧张与不安,人们与陌生人相处时感到的羞怯是一种更强烈的情绪。容易害羞的人往往性格内向,但性格内向的人却未必都会害羞。

尽管有了这样的定义限制,我们周围还是有许多害羞的人。心理学家卡甘说,即便不去考虑那些拒绝承认自己情况的人,社会中害羞人群的比例依然会达到30%这一惊人数字。人们之所以容易情绪紧张有诸多原因。一项研究结果显示,困惑与烦恼就是成因之一。

◎是否存在害羞基因

在我们的人体内,有一种名叫5-羟色胺的化学物质,这是一种神经传递素,能够影响人们的焦虑、沮丧等精神状态。研究者在对不同性格的孩子进行DNA分析的过程中发现,在那些羞怯孩子的大脑中,与5-羟色胺有关的基因更短。虽然没有完整的证据可以证明基因决定害羞之说,但许多人依然认为,基因至少能产生一些影响。实际上,那些基因如此的人往往会表现得更加羞怯,而且对压力也更为敏感。这一部分是天生的。

Part2 匪夷所思的行为

通常来说，害羞者的社交能力一般都不是很强，如果说生物多样性使世界变得丰富多彩，那么，彼此的和睦共处无疑会让生活变得更美好。正如意大利米兰圣巴法利大学的马可·拜特格里教授所言："羞怯与否是个体差异的体现，它使我们的世界更多元。"其实害羞也会对人有一定的保护作用。害羞的孩子比开朗的孩子接触的人要少得多，他们不喜欢去热闹、嘈杂的地方，而更加热衷于学习和钻研科学，所以他们接触犯罪的概率也会相对小很多。

17. 为什么一着凉就感冒

> 生活中，我们常常会听到"昨天晚上睡觉着凉感冒了"之类的说法。且慢，着凉就是感冒吗？两者是等同关系吗？如果不是，着凉能引起感冒吗？

◎ **着凉与感冒**

其实，看似稀松平常的话题，有待深究一番。

首先，从概念来判断，着凉就是身体感受到凉。这里的凉可以是由外界较大的温差变化引起，比如夏天的晚间温度，同白天温度相比温差能达10度，如果不注意保暖，便容易着凉。而在寒冷的冬日，人在室外活动时如果穿衣保暖不够，也会因气温过低而着凉，出现比如冷得发抖、打喷嚏、鼻塞不畅、拉肚子等着凉的后果。

那什么是感冒呢？感冒一词极具中国特色，据说这词发端自南宋的官场。当时的馆阁（中央级学术机构）也有值班制度，但基本无事。为了开溜，他们约定俗成地在登记簿上把原因写为"肠肚不安"。一位值班新人偏不遵照惯例，标新立异地写上"感风"二字。到了清代，感风进化为感冒，也就是身体感受到疾病症状的全面爆发。

的确，感冒症状非常全面，咽喉发干、鼻塞、咳嗽、打喷嚏、头痛等，让人难以忍受。感冒是最常见的传染病之一，也是最常见的呼吸系统疾病。

说其是传染病，是因为感冒由病毒入侵引起的，而且这种病毒还能四处传播，比如喷嚏或说话时的飞沫、握手等。在身体抵抗力降低、过度疲劳时，这些病毒更是蠢蠢欲动，对你进行骚扰。这些病毒有上百种之多，诸如鼻病毒、腺病毒、轮状病毒等。然而，一般的普通感冒，往往是由鼻病毒引起，90％的病人手上也能分离出这种病毒。虽说鼻病毒也是一种病毒，但这种病毒还算温顺，因此不必过于担忧。

◎着凉一定引起感冒吗

从上面可以看出，着凉并不是感冒，二者不能对等。那么，着凉一定会引起感冒吗？让我们看看下面这个科学试验怎么说。

1958年，美国伊利诺伊州大学医学院的H.F.Dowling为了区分着凉与感冒的关系，招募400多名医学院学生做了一个试验。研究者首先让学生先接触能导致感冒的病毒，接下来让其中一部分人着凉一下。在这些被试者中，有些人穿上厚重的棉衣身处极低的温度下，有些则穿着内衣处在舒适的温度下，另外一些则被安排感受酷暑的滋味。结果，所有人感冒的概率都是一样的。换句话说，你之所以会感冒的关键，并非在于你是否着凉，而是因为你接触到了这些病毒，所以你才会感冒。

1968年，美国一位医生在得克萨斯州进行了类似的试验。他先把病毒放进受试者的鼻子里，然后让他们身处严寒，穿着不同数量的衣物保暖。为了进一步验证着凉受冻是否会感冒，还把一部分人的头发搞得湿漉漉的。无论怎样折腾，这些被试者的感冒概率还是没差别。由此看来，引起感冒的罪魁祸首是病毒，让你整天鼻塞流涕、喷嚏连天的感冒并非着凉的得意之作。

但是着凉为什么能引起类似感冒的症状呢？在昼夜温差变化较大的情况下，皮肤表层的感受器会感受到这种凉意，然后报告给大脑中枢司令部。当司令部得知这一消息后，便会下达指示，发出打喷嚏的指令，同时皮肤毛孔收缩，鸡皮疙瘩也冒了出来。有些人甚至还会不由自主地打哆嗦来与这种冰冷对抗。

除此之外，由于感冒大多发生在寒冷的冬天，也会让人联想到着凉受

寒与感冒是相关的。其实，这里另有蹊跷。一般说来，当空气湿度达50%以上时，感冒病毒会迅速死亡，但是冬天的干燥气候恰好为病毒提供了舒适的环境，这就大大延长了病毒在体外的存活时间。再加上人们在冬天往往会减少外出活动，喜欢瑟缩在温暖的室内，封闭的环境加之不流通的空气，更容易让感冒患者身上散布出来的病毒在空气中生存较长时间，并且传染给别人。

18. 为什么太干净也是错

> 谈及"文明病""世纪绝症""新不治之症",我们通常会联想到癌症、艾滋病,或者别的一些稀奇古怪的新病毒。其实,过敏更是一种令人闻之色变的病。

◎ 闻之色变的过敏

有一种疾病,在百年前还不算常见,到了20世纪末,WHO却把它列入重大公众健康问题。各国公共卫生部门也无不在这种疾病上耗资如流水:据英国伦敦皇家内科医学院于2003年发表的一份报告估计,花费在该病上的钱数大约占英国公共医疗预算的10%,和胃肠道疾病的花费相仿。美国每年因此病造成的经济损失也在逐年递增。这种令人闻之色变的病就是过敏。

时至今日,情况变得越来越严峻。过敏人数、过敏症状一直有越发加重的趋势。据估计,在西方部分地区,超过三成的成人都被过敏困扰过,被过敏折磨的孩子将近一半。由于目前过敏依然是种"不治之症",一旦产生过敏反应,医疗手段大多只能缓解症状,却不能根治源头。再加上,基于免疫学的脱敏疗法并非人人有效。比如,服用药物也好,接受手术也好,对于一个花生过敏者,如果下次遇到一小枚花生,依然会肿了他的"香肠嘴"。

虽说过敏不是传染病,但比任何传染病都流行。单是看看那陡峭拔起的过敏发病率曲线,就实在令人惊心不已。如果过敏的这种增长势头延续不

断，在不远的将来，过敏恐怕不仅仅是医疗重大问题之一，说不准还会成为未来最大的医疗难题之一。

究竟是人出了问题，还是这个世界出了问题？为何我们的身体会对一些原本无害的成分恐慌至此呢？

◎ 关于过敏

虽然曾经遭过敏折磨的人不少，但是能真正说清楚过敏定义的却不多。只因过敏反应的症状真是很多：哮喘、药物过敏、食物过敏、过敏性皮炎、过敏性鼻炎……过敏受害者也反应不一，有人喷嚏不断寝食难安，有人满身红疹如芒在背，有人双目红肿涕泪齐下。有人能朵颐大嚼天下美食，而另一些人连鸡蛋花生也无福消受；有人能欣赏五月芳菲桃花灿烂，而另一些人就只能迎风流涕见花胆寒。

那么，究竟什么是过敏？尽管医典中早有关于湿疹与哮喘的记载，早在19世纪，花粉症也就已广为人知。1873年布莱克利首次用实验证明花粉症是由接触到空气中的吸入性致敏源花粉而引发。

然而，直到20世纪初，这些毛病才被联系到一起，并归结于一个共同病因，对此进行整合的先驱就是奥地利的医师皮尔凯。1906年，皮尔凯第一次用"过敏"这个词描述自己临床观察所得的一系列均由免疫反应造成组织损害而引发的症状，并指出过敏就是免疫系统把某些本来无害的异物认作严重威胁，结果给人体造成极大的伤害。

在当时的医学界与研究界，皮尔凯的"过敏"概念并未立刻被认可。这并不奇怪，因为免疫系统一向被认为是我们最忠实可靠的守护者，认同过敏就意味着要全然颠覆传统观念，接受我们的"卫士"对我们身体的侵犯，这实在是叫人情何以堪。

然而，人们再怎么不情愿，也不得不慢慢开始承认免疫系统可以被"策反"。事实就是事实，空气中飘来的一缕烟雾，搽在脸上的护肤品中一种本应无害的新合成化学物质，都可能让我们的身体感到不适。

但是当过敏这个概念得到承认以后，之后发生的事情却多少让人有些啼笑皆非。人们以异乎寻常的热情接受了这种时髦的流行病，宣称自己对各种事物都会出现过敏反应，从加班、纪律到丈母娘，等等。

虽说过敏的定义富有弹性而且一变再变，同时也给流行病学家统计过敏率带来很多困难，但是综合各种分析数据来看，过敏发生率确实在"二战"后遽然增加。随着身边发生的过敏案例越来越多，公众也越来越开始关注这一问题。究竟是什么引发了过敏？为什么我们的免疫系统在攻击自己的身体，是什么原因让最忠实的"卫士"叛变成我们的"敌人"？

为此，人们做出了种种猜想。过敏显然有遗传因素，双亲都过敏的孩子其过敏的概率也会极高。但过敏的急速增长与不均衡的分布显然与外部环境因素有关。于是，流行病学的调查数据开始指向工业社会带来的环境与生活方式上的变革。现在的问题是，究竟是哪一个？

◎ 都是过敏源的错

首先，一部分矛头指向过敏源，毕竟，如果不接触那些玩意儿便可天下太平。有人归咎于全球化带来的前所未有的流动性。相比我们与数百年前绝无可能相逢的人毗邻而居，更多的是漂洋过海而来的奇果异兽，所以我们的身体不能适应也是很自然的。比如，在20世纪60年代，猕猴桃被引入英美市场，然后几十年内，这种售价高昂、浑身长满绒毛的果子却造成了一系列的严重过敏。

也有人认为是环境污染所致。在他们看来，工业化社会带来了许多农业社会前所未有的"非天然"化合物。污染地区的过敏率变化也似乎印证了这点。比如，在20世纪30年代，日本几乎无人知道什么是花粉症。然而，到了1986年，日本部分高度污染区域的孩子有近三成患有因花粉引起的过敏性鼻炎。1991年，美国生化学家普罗费提出过敏是身体对抗有毒物质的一种方式。在他看来，过敏率的升高是工业化社会无可避免的结果。身体为了适应日益增多的环境毒素，不得不借着咳嗽、打喷嚏这些反应，将有潜在危害的异物逐出体外。

还有一些研究则把焦点专注于我们自身。事实上，我们的生活方式确实

发生了巨大变化：饮食结构变得高脂高热，户外活动时间缩短，锻炼机会减少，烟草酒精使用变多，精神压力变大，母乳喂养缩短。此外，对微生物更深入了解的我们开始对各种病原全面宣战。在需求带来广阔市场的同时，逐利而来的厂商却杀了进来，于是，各种清洁杀菌的产品应运而生：肥皂、洗洁精、洗衣粉、洗手液、漂白水……我们挥舞着这些武器，将身边的微生物清剿杀灭，除恶务尽。

一切看来是那么的美妙，以天花为代表的一些传染性疾病也开始绝迹人间。我们居住的环境越发纤尘不染，然而住在洁净屋子里的人们的健康水平却开始遭受过敏症的打击。直到1989年，英国花粉症发生率持续攀升，伦敦卫生和热带医学学院的流行病学家斯特拉坎在《英国医学期刊》上发表《花粉症、卫生与家庭规模》一文，结论是有两个原因与过敏的相关性最强：家庭大小，孩子在家中的长幼排序。一般而言，一个家庭里人口数越多，长兄大姐越多，孩子小时候被交叉感染的机会就越高，而成人后过敏概率就越低，斯特拉坎的这一猜想被称为"卫生假说"。

◎关于"卫生假说"

环境太干净也有错？脏乱差反倒成了好事？听起来似乎不可思议。其实这种猜测由来已久。20世纪50年代，英国人弗里曼在《花粉症》中提出一个心得：来过敏门诊求医的多是独生子。但这仅是他的个人观感，缺乏严谨的数据支持。1976年，著名医学期刊《柳叶刀》也猜想过敏或是我们为卫生环境付出的代价。而在斯特拉坎以数字说话后，"卫生假说"迅速成为主流解释之一。

事实上，并非我们一生下来，免疫系统就十项全能，而是需要训练与学习的。这个过程就像军队练兵。比起没有经受过感染考验的免疫新兵，身经百战的老兵才是保家卫国的中流砥柱。

我们的免疫系统分为非特异性免疫和特异性免疫。面对外来异物，非特异性免疫可能会吞噬一气，而特异性免疫则需要免疫细胞与抗原进行接触、识别，然后才能做出针对性的反应。特异性免疫还能认出重复来犯的病原体，并且毫不留情地将其迅速剿灭。

在特异性免疫大军中，重要的组成部分就是白细胞中占不小比例、寿命长达几年的T细胞。该细胞有Th1、Th2、Th3等许多亚型，而致病微生物感染常常会引发Th1免疫反应。开始的时候，研究者认为是过多的Th2免疫导致过敏。由于疫苗推广与抗生素的辅助，人们早期的感染次数大幅减少，我们的免疫系统未能按它数十万年已经习惯的路线按部就班地成熟。由于Th1发育不顺，进而导致Th1/Th2免疫比例失衡。随着研究的深入，人们又发现肠道寄生虫感染会增加Th2反应，进而降低过敏概率。比如，在热带地区，虽说寄生虫感染多，但是过敏现象却很少。为此，美国还曾开展过寄生蠕虫用以治疗过敏的临床试验。

新"卫生假说"的机制建立在1995年发现的调节性T细胞基础上，这种调节性T细胞又称为抑制性T细胞，是免疫系统的一道刹车。受复杂调控的影响，我们的"免疫大军"并非只会一味进攻，令行禁止也非常重要。

然而，如果细菌寄生虫这类异物接触得太少，免疫系统的应答发展过程就会出现问题。比如，在泥中存在着一种基本无害的细菌，那就是牝牛分枝杆菌。也许在漫长的进化岁月中，我们已经习惯与一些低毒的微生物共生，在与它们接触的过程中，免疫系统可以慢慢约束自己的进攻性，甚至我们的免疫系统要依赖这种接触让自己正常运作。反之，如果一味远离那些共生已久的"老朋友"，就会导致免疫系统自我平衡与调节失控，对外来刺激过度敏感，不得安宁。很显然，这对我们并无裨益。这一猜想被称为"老友机制"，也称为"微生物接触理论"。

◎微生物：友军与敌军

那么，究竟该如何找到合适的"老友"，做我们免疫系统的教官呢？通常情况下，出生一岁以内正是免疫系统受训阶段，也是变应性致敏发生阶段。研究显示，接触低剂量抗原可以促进婴儿变应性致敏，而接触高剂量抗原则会让免疫系统习惯忍耐，不会导致过敏。

有一种假说认为，小孩之所以会花生过敏，原因可能在于小时候通过

皮肤接触到的少量花生成分。而小孩之所以对宠物过敏，原因可能在于小时候家里没养宠物，但与其他养宠物者交流间接触到稍许宠物皮屑。慕尼黑大学哮喘与过敏系主任穆蒂乌斯以系列实验证实，农场孩子确实比城市孩子过敏概率小得多。

瑞典研究预防过敏的比约克斯滕教授则专注研究我们肠内的微生物菌群，他发现，瑞典的孩子过敏率高，而临近的爱沙尼亚的孩子则过敏率低。瑞典和爱沙尼亚的卫生习惯非常不同。后者消毒较少，孩子们较早就有了多样的肠内菌群。研究还显示，在过敏的儿童中，其肠道中的益生菌较少。

或许，肠道内菌群的多样性，尤其是益生菌的比例与过敏发生率有关。作为益生菌研究者之一的蒙特利尔大学过敏研究实验室主任德莱斯皮斯就极力推荐孕妇在怀孕后期补充益生菌，他认为这对降低孩子的过敏率会有所帮助。其他研究者则建议在新生儿的饮食中补充益生菌及益生菌中可以利用的一些特殊糖类。

从目前的研究来看，虽说没有证据显示益生菌对哮喘有疗效，但是，如果在婴儿早期时候就开始补充一些乳酸杆菌，可以有效缓解2岁内的湿疹症状，显示出补充益生菌对免疫系统可能会带来的正面影响。

早在1961年，美国微生物学家杜博斯就曾预言，现代医药高歌猛进的同时也可能会创造出新的问题。现如今，我们只能遗憾地承认，杜博斯说中了。一旦免疫系统的耐受机制被打破，许多自身免疫性疾病也会因此而来。甚至有人还在大胆猜测，自闭症与急性淋巴细胞性白血病的发病率急升也可能与免疫系统失衡有关。

其实，对于过敏我们仍然所知甚少，目前一些前瞻性的初步研究表明遗传背景与环境接触因素在这种疾病的发展过程中都有一定的影响。也许是时候改改我们那矫枉过正的卫生观念了。

19. 长时间用手机会致癌吗

> 一直以来,手机辐射是备受人们关心的话题之一。由于经常将手机贴近耳朵,不少人担心手机辐射的能量被人体吸收后会损伤人体组织,引起DNA突变,导致某些脑部肿瘤的高发,对人体健康产生负面影响。手机辐射真的会损伤脑细胞?长时间使用手机会导致脑部肿瘤吗?

◎ 手机致癌的真相

时至今日,都没有人能说清楚究竟是谁最早提出长时间使用手机可能会引起脑部肿瘤的说法。眼下,很多人一厢情愿地相信长时间"煲电话粥"可能会引起癌症,特别是脑部肿瘤。人们担心手机可能致癌,其实担忧的是手机的辐射问题。

关于这个问题,有必要对电磁辐射进行一下区分。电磁辐射分为电离辐射和非电离辐射,手机所产生的辐射恰恰属于后者。正如你所知道的那样,电离辐射对身体有害,比如过多暴露于X射线下可能引起癌症。至于手机等装置所发射的非电离辐射,科学研究尚未发现它与癌症具有某种关联。

按照国际非电离辐射防护委员会的规定,一般公众的射频暴露限制值为0.08瓦特/千克,峰值为2瓦特/千克,低于这一数值,人们可以完全放心地使用手机。手机作为一种低功率射频发射器,其最大发射射频功率为0.2~0.6瓦

特，然而，随着手机制造与通信技术的提高，这一数值还会降低。

◎手机辐射的来源

手机的辐射主要来自天线。现如今，大部分手机的天线都是内置的。拨打电话时，这种天线越靠近脑袋，接受的辐射量也就越大。而手机与使用者身体相距越远，这种辐射也就越低。其次，手机辐射量的大小也取决于手机信号的强弱。当你拨出号码时，手机天线将会发出信号，与最近的基站进行连接。所谓的基站是信号转换的中心，因此手机与基站的远近也决定了手机辐射量的大小。

一名手机用户所接受的辐射量取决于多个因素，比如手机使用频率与通话时间长短、手机与基站的距离、手机大小、是否使用免提设备，等等。在诸多因素中，最直接且重要的因素取决于手机的使用风格。有的人因职业所迫，每天必须长时间使用手机进行业务沟通，有的人则喜欢用手机"煲电话粥"。

◎什么部位最易受影响

如果说人体能受到手机辐射的话，那么什么部位最易受到影响呢？答案自然是脑袋。为此，人们常常担心手机辐射的能量会围绕或包裹神经细胞，使细胞发生突变，进而引发癌症。但是，这种猜想并无依据。要知道，手机的非电离辐射量是非常小的，还不足以引起组织加热或体温升高。手机辐射所产生的热效应是极其微弱的，能量也只占太阳光照的1/10。因此，网络上红极一时的俄罗斯人用手机加热鸡蛋的视频是假的，根本站不住脚。

◎手机与肿瘤的相关性

目前，综合世界各地的科研机构对手机与肿瘤的相关性研究来看，没有流行病学调查结果显示手机使用与脑部肿瘤的发生具有关联，物理学家也指出手机微弱的辐射能量不足以损伤基因，并且很难找到手机辐射引起癌症的科学依据。

2010年5月，在全球最大的一项针对手机与脑肿瘤关系的研究中（这一叫作interphone的研究由隶属于世界卫生组织、位于法国里昂的国际癌症研究中心所执行）。研究者调查了两种最主要脑肿瘤（胶质瘤与脑膜瘤）的患者情况，并询问他们的手机使用情况。同时，研究者还调查了未患这两种肿瘤，但其他情况与普通人类似的人，将得到的数据进行比较。最终的重要结论是，手机使用者脑部两大常见肿瘤并无高发趋势。就是说，与一般人相比，这两种肿瘤患者的手机使用情况与一般人没有多大差别。不过，研究者发现对其中一小部分高频率使用手机的人而言，他们的胶质瘤的发生风险却较高。不过，研究者也提醒，这一小部分人胶质瘤发生风险增高的原因是否确为手机使用还难以定论。

2011年2月，美国国家卫生院通过研究发现，当手机紧贴耳朵打电话50分钟时，听电话一侧的大脑能量消耗将增加7%。从医学上来说，大脑能量的消耗主要体现为葡萄糖代谢，这是脑细胞活动的征兆。不过，研究者却指出，这个研究不能证明手机辐射与脑肿瘤有关。那么，大脑能量消耗增加到底有什么临床意义，至今也不是很清楚。

◎继续追问"手机是否致癌"

按说，看到上述结论我们可以放心使用手机了，但它的最后一部分又让很多人担心起来。仔细阅读这篇研究报告可以发现，那些胶质瘤发生风险增高的人，每天通话都在半小时以上，而且至少持续了十年。

当然，先前也有一些小型研究发现，使用手机与某些脑部肿瘤的发生风险增高具有明显的关系。不过，如果我们将所有研究数据集中到一起，结论仍然是手机使用与脑部肿瘤的发生没有任何关联。因此，美国国立癌症研究所（NCI）在网站上的一份报告中谈道，NCI不断地监测脑部肿瘤新发数据，如果使用手机可以引起脑部肿瘤，那么他们就会发现这个数据呈现升高的趋势。统计资料显示，在过去的十年，美国人每个月花在手机通话上的时间在逐渐延长。可是，他们并未发现脑部肿瘤的发生率也出现随之增高的趋势。

那么，对于interphone研究中出现的"一小部分高频率使用手机者胶质瘤发生风险增高"的结论又该如何解释呢？

NCI的专家认为，针对手机使用行为的研究分析数据来自问卷调查，而调查数据的准确性则来源于填报者的记忆准确度，之所以会引起结果不一

致,很可能是因为那些脑部肿瘤者在手机使用的相关信息上出现了记忆偏差,即回忆偏差。另一种可能的解释是,长时间手机使用者往往来自那些工作压力大、生活节奏快的人,他们更可能因为承受较大的心理压力而出现许多症状,甚至引起神经内分泌失调等。

2011年5月底,世界卫生组织下属的国际癌症研究署发表了一则关于"手机可能致癌"的声明。简言之,手机与咖啡、汽车尾气、铅、泡菜一样,是可能导致癌症的因素。其实,该机构的31名专家做出的这一声明并未基于最新的研究数据,而是在回顾过去十几年有关手机与癌症关联性文献后得出的结论。当然,这些专家也表示,现在关于手机与脑癌的研究或多或少存在一些缺陷,必须进一步做出研究。

总之,从现有研究来看,使用手机依然是安全的。当然,换个角度看,如果你以手机可能致癌这条理由拒绝使用它,那你也完全有理由拒饮咖啡,拒食泡菜。尽管没有科学研究证明使用手机会引起癌症,然而人们本能地认为这种手机辐射不好。那么,如何有效减少辐射呢?简单说来就是长话短说。如果手边有普通电话,就不要使用手机;如果使用手机,就请多使用免提装置,或是让耳朵与手机之间保持一定距离。

20. 运动真的会让人上瘾吗

> 常言说："生命在于运动！"法国启蒙思想家伏尔泰可以说能够深切体会这句话。年少体弱的他通过经常锻炼才强壮了起来，最后活到84岁。的确，经常运动的人似乎更显得年轻而富有活力。假如运动能够强身健体、延缓衰老，那其中奥秘在哪里呢？

◎ 小鼠的实验

端粒是细胞内染色体末端的一小段DNA序列。通俗地说，端粒好比鞋带末端的塑料头。正如你所知道的，塑料头能防止鞋带磨损散掉，端粒则像安全帽，保护染色体的完整，最大程度防止其被破坏。

其实，人的一生就是细胞不断分裂的一生，每次分裂都将伴随端粒的主动牺牲缩短一段。如果有一天，端粒短到一定程度后就不能继续保护染色体了，衰老就会到来。于是，问题也就来了，如果端粒能长一些，或缩短得慢一点，衰老岂不也会随之减慢？

为此，2009年11月底，德国萨尔州大学的一批研究者在《循环》杂志发表了他们的研究论文，认为运动能调节端粒稳定蛋白（TSP）的表达，从而产生保护作用。为得出该结论，论文作者乌尔里希·劳夫斯在人与小鼠身上进行了不同的实验。

首先，劳夫斯让小鼠在滚轮上跑三周，发现能保护细胞免除死亡的TSP表

达升高。之后,劳夫斯将试验"搬"到人的身上。然而,"一群人坚持运动,另一群人光看不练"的前瞻性研究却并不现实。于是,他又将目光转向那些数年来都坚持运动的专业运动员,从他们身上展开调查。结果是长跑运动员血液白细胞里的端粒竟然比一般人长,端粒酶活性也更高,无疑这有助于保持端粒长度,延缓衰老。此外,长跑运动员的心率也较慢,血压与胆固醇水平较低。对此,劳夫斯认为这直接证明了运动具有抗衰老作用。

◎运动的好处

那么,究竟多大的运动量才能扛得住衰老,又不会让人觉得太累呢?问题又来了。很多人喜欢办张一年也去不了几次的VIP健身卡,可是打死也不多走路、多爬楼梯。很多人也迷恋网球、高尔夫等运动,但是对最简单、最实用的跑步却看不上眼。

瑞典卡罗林斯卡医学院的研究显示,与一天到晚枯坐板凳的男性相比,经常积极参加运动的男性,患前列腺癌的风险要低很多。这一结果,是对比他们各自的生活习惯、运动频率与前列腺癌发病率后得出的。

对男人而言,运动的另一个好处也值得一提,像跑步、游泳和打网球等剧烈的运动往往能降低男性罹患中风的风险。2009年11月,《神经学》杂志发表了美国哥伦比亚大学针对3300名老人进行的长达9年的研究。在此期间,共238人出现中风。在这些中风患者里,有20%经常参加相对剧烈的运动,又有41%的人从不进行体育锻炼,而且这些从不锻炼的人大多是城市居民。该研究经过分析后认为,适度进行相对剧烈的运动可以有效帮助男性预防中风。看到这里,想必你也打算立刻起身跑动,有运动的欲望了吧。

事实上,运动最关键的是让身体动起来,然后才去考虑运动量。当然,运动强度要与自身条件相适应,不可能一口吃个胖子。如果习惯了剧烈运动,那就继续下去;如果只是新手,那么就循序渐进吧。说不定,一段时间后,就会对运动上瘾了。

◎过度锻炼也会让人成瘾

经常运动的人都有过这样的体会,运动时,感觉状态甚好。可是,一旦停下不练就感觉浑身不爽。从科学上说，运动能刺激大脑释放一种叫作内啡肽的物质，它有"快乐的荷尔蒙"之称，是体内的天然"鸦片"，会让你感受快感，经历兴奋。

但是，来自美国塔夫茨大学在2009年8月的《行为神经科学》杂志中发表的一项研究表明，过度锻炼也会让人成瘾。研究者罗宾·凯娜里克发现，过度锻炼的老鼠一旦没有机会锻炼，就会出现颤抖、眼睑下垂等症状，这与吸毒上瘾者戒毒时的症状极为相似。

对此，凯娜里克给出这样的解释：这就好比一个人刚开始只服用软性毒品，后来只有硬毒品才能满足他的需求；一个人最初只进行慢跑、骑自行车等温和运动，但是发展到最后却会玩三项全能和100英里自行车角逐来满足他对运动的需求。

幸运的是，运动上瘾并不会产生太多不良后果，顶多被人认为是运动狂人。至于运动上瘾也只不过是从科学上予以定义，并不会影响人们的日常锻炼。

21. 为什么有的团队会让人变懒惰

团队常常被想象成没有生产力的,因为它有如此美妙的伪装。在团队工作的掩护下,人们常常会松懈下来,愉快地想象着其他人也是这个样子,甚至即便他们自己并非如此,又有谁会知道呢?

◎为什么三个和尚没水吃

在一个团体内的个体由于动机水平的下降,在集体工作时不像独自工作时那样付出百分百的努力,就会出现三个和尚没水吃的典型现象。

1913年,法国的一位工程师马克西米利安·林格尔曼对马拉车的效率进行过一次调查。他发现假如让两匹马一起拉一辆马车,最终效率并非一匹马效率的双倍。

这一结果令这位工程师感到很意外,于是,他又将调查延伸到人类。他让许多人一起拉一根绳子,测量每个人释放出的力量。结果他发现两个人一起拉一根绳子,平均每人只投入各自力量的93%;如果3个人一起拉,每人只投入各自力量的85%;如果8个人一起拉时,每个人就只剩下49%的力量了。

除了心理学家,这个结果没让任何人感到意外,科学界称这一效应为社会性懈怠。心理学家解释说,之所以会出现这种效应,是因为在团队中个人的效率无法直接看到，而是与团队融合在一起的。

在很多国家里，社会性懈怠现象就十分普遍。比如，它在鼓掌、划船、掰手腕、跑步、游泳、认知任务、智力问题、拔河比赛等十分广泛的活动范围内都得到了验证。然而在接力赛运动员身上却没有，这是因为接力赛时每个人的贡献都是显而易见的。

◎什么是社会性懈怠

所谓的社会性懈怠其实是一种理性行为，假如使出一半力就行，而且这种行为又不会引起周围人的注意，为什么要使出全力呢？一句话，社会性懈怠是一种我们让自己亏欠所有人的欺骗形式。多数情况下，这种欺骗不是故意的，而是不知不觉地发生，就像马拉车一样。

一同拉一根绳子的人越多，个人的贡献就越低，或许这种社会效应并不令人觉得吃惊。但令人吃惊的是它没有降到零，为什么不是完全懈怠呢？要知道，一旦表现零效率，就极易引起注意，继而带来被逐出群体或损坏名誉的后果。微妙的是，在这个过程中，我们能细腻地感觉到，懈怠到什么程度才不会被轻易看出来。

◎精神上也会懈怠

这种社会性懈怠的效应不仅出现在体能效率方面，也会出现在我们的精神方面，比如开会的时候。团队越大，我们个人参与的程度就越小，当效率达到一个水平时，就不会继续下降了。这种时候，一支团队有20人还是100人，早已无关紧要，因为它已经达到了最大的懒惰度。

◎为什么团队比个人效率高

也许有人要问了，为什么团队就比个人效率高，这种重复多年的观点又是从何而来呢？这就不得不提到日本。30年前，日本人用他们的产品征服了全球市场。那些来自各个企业的老板们仔细研究了这场工业奇迹，结果发现日本工厂是以团队为组织的。于是，企业老板们纷纷复制了这一模式，但成功是无法复制的。在日本很管用的东西，在美国和欧洲就不一定管用。在日本，如果团队由尽可能多的各种专业人员组成会更好。这很有意思，因为在

这种团队里个人的效率可以归功于这些专家。

社会性懈怠这一社会效应还有更有趣的地方，在团队里，我们不仅会克制我们的效率，还会克制我们的责任，因为谁也不想对成绩差负责。

每个董事会或管理团队里都很少有提出异议的人员。大家都躲在团队决议背后，专业术语称这种现象为责任扩散效应。与此对照的是，团队有甘冒比个人更大风险的倾向，人们称这一效应为风险分摊。事实证明，每每在团队讨论上，总会做出比人们独自作决定时更为冒险的决定。在那种场合下，大家往往都会想："一旦出事，不是我一个人承担责任。"不过，在涉及巨额资金的公司和养老保险机构的战略团队里，风险分摊的想法都是非常危险的。

总之，人们在团队里的行为不同于单独一个人的时候，否则就不存在团队了。换句话说，可以尽可能地通过彰显个人效率，来缓和团队的弊病。

22．为什么长相好的人更容易事业有成

> 一个人如果被标明是好的,他就会被一种积极肯定的光环笼罩,并被赋予一切都好的品质。一个人如果被标明是坏的,他就会被一种消极否定的光环笼罩,并被认为具有各种坏品质。这就是光环效应。

◎"宠儿"失宠

硅谷的思科公司不得不说是新经济时代的宠儿。据经济记者们的观察研究,得出的结论是,它在什么方面都做得对:最好的客户定位、完美的策略、招揽客户的手段非常巧妙、独特的企业文化、有魅力的首席执行官。2000年3月,思科公司成为全球最有价值的企业之一。

但是2001年,思科公司的股票价值却损失了80%,还是当初的那些记者们,此时却反过来指责企业存在正好相反的问题:糟糕的客户定位、策略不明确、招揽客户的手段不巧妙、没有魅力的首席执行官。事实上,对于思科公司而言,无论是策略还是首席执行官都没有更换,只是需求变少了,可是这与思科公司一点关系都没有。

◎以偏概全的心理臆测

如果我们让某一个方面照花了眼睛,就会由此推及全貌,这就是光环效应。以思科公司为例,光环效应就特别明显:早些时候,记者们让股价照花

了眼睛,并由此推及公司的内部质量,却不去进行更仔细的研究。

受这种光环效应的影响,我们很容易由得到的或特别明显的因素,比如一家企业的经济发展形势,自动推论到更难以查明的特性,比如管理质量或发展战略,等等。于是,我们倾向于认为一家声誉良好的制造商的产品质量更好,虽然我们没有客观理由证明此事。至于那些在某个行业收获成功的首席执行官们,人们往往会认为他们在所有行业都会成功,哪怕是在他们个人的私生活中,他们也必须是模范。

从认知角度讲,这种效应是一种以偏概全的主观心理臆测。正如歌德所说:"人们见到的,正是他们知道的。"我们内心深处总是认为人的品质之间是有着内在联系的。比方说,"热情"的人对人往往比较亲切友好、容易相处;而"冷漠"的人则较为孤独、古板、比较难相处。这样,如果我们对某人只要有了"热情"或"冷漠"的一个核心特征,就会自然而然地去补足其他有关联的特征。其实,这种从外表知觉内心,又从内在特征泛化到对外表的评价正是产生这一效应的主要原因。

◎关于光环效应

早在近100年前,心理学家爱德华·李·桑代克就发现了光环效应。如果某个人在某一个方面,比如美貌、社会地位、年龄,造成了正面或负面的印象,那么这一方面将"普照"其他的一切,从而过度影响其总体印象。

美貌是得到研究最多的例子。诸多研究都已证明,我们会自认为漂亮的人更可爱、更诚实、更聪颖。很多事实也证明,越是貌美动人的人越容易事业有成。

总之,一个人如果被标明是好的,他就会被一种积极肯定的光环笼罩,并被赋予一切都好的品质。反之,如果一个人被标明是坏的,他就会被一种消极否定的光环笼罩,并被认为具有各种坏品质。

◎是什么模糊了我们的视线

光环效应偶然也会产生美丽的后果,至少短期内是美好的。比如,你自认为你所崇拜的人是非常完美的:魅力出众、智慧、讨喜、心肠好。即使你的朋友指出他存在明显缺点，你也只会认为那是一种可爱的怪癖。

但是，当出身、性别或种族成为一个人的主要特征，普照其所有的其他特征时，这个效应就会造成不幸。事实上，你不必是种族分子或性别歧视分子，就会成为它的受害者。光环效应会模糊我们的视线，就像它会使记者、教师发昏一样。

所以，为了避免光环效应挡住我们的视线，让我们看不到真实的特征，我们不要把自己的某些心理特点附加给对方。一旦你自己不加注意，没有经常清醒、理智地自我反思，很可能就会产生各种偏见。要冷静、客观地对待第一印象，要知道一旦第一印象形成，以后的信息常常只扮演补充和解释的角色。当然，在人际交往中，我们也应该注意告诫自己不要被别人的光环效应所影响，而陷入光环效应的误区。

23. 为什么朋友比家人更容易影响你的行为

> 你是更容易受到朋友,还是来自家人的影响?下文中,黑冠猕猴的故事会启示我们:朋友往往比家人更能影响你的行为。这是为什么呢?

◎ 复杂社会中的友谊

科学研究发现,与家庭成员相比,跟人类同属灵长类的黑冠猕猴更倾向于向朋友寻求指引。这一结论是朴茨茅斯大学的研究团队通过考察黑冠猕猴的眼神追视行为得出的。研究人员还进一步指出,该结论还揭示了友谊在复杂社会中的重要性。换句话说,动物们正是凭借友谊,一起生活,彼此依靠。

◎ 眼神追视行为

所谓的眼神追视行为,是指动物追随同类目光凝视的方向看。这种行为能使个体了解身边环境所发生事件的信息。对黑冠猕猴而言,对同类的"眼神追视"行为能帮助它们寻找食物,发现危险。

朴茨茅斯大学首席研究员杰罗姆·麦克莱塔解释说:"通过研究这些灵长类动物,我们想弄清社会制度是如何演化的。""我们想了解为什么人类会形成团体……人与人之间为什么形成社会关系。"

麦克莱塔在接受采访时还说:"先前针对社会性灵长类动物的研究,已经说明了友谊在健康、成功繁殖、减轻压力这几方面的重要性。但是,人的

Part2 匪夷所思的行为

行为怎样受到社会关系和友谊的影响,还没有多少证据说明。"为了找到证据,麦克莱塔和他的同事开始研究动物眼神追视的习性。

◎猕猴之间的友谊

在汉普郡的马维尔野生动物园,研究人员选取七只黑冠猕猴作为实验对象,其中,包括一只六岁大的雄性,以及六只四到二十七岁年龄不等的雌性。接下来,研究人员会通过记录这七只黑冠猕猴在和对方相伴以及理毛的时间,来估测猕猴之间的友谊。

首先,研究人员选取了两只黑冠猕猴,并将彼此距离保持在一米左右,其中一只黑冠猕猴作为信息接收对象和实验人员面对面,而另一只黑冠猕猴则关注这只黑冠猕猴,并且背对实验人员,所以,它和实验人员实际上没有视线上的接触。

在这个实验中,黑冠猕猴的后续行为(注视或不注视)会表明它是否通过眼神追视信息接收对象的目光,搜寻是什么物体吸引了信息接收对象的注意力。

为了吸引信息接收对象的注意,实验人员会在他们手里持有食物,而且为了避免习惯性选择,实验人员还会不断地改变食物种类,或是橙子,或是香蕉。

麦克莱塔接着说:"这种时候,我会挥动手里的物体,比如水果,这样猕猴就能看到我,也能看到这个物体。"与此同时,另一只猴子则会很自然地追随同伴的目光,看看是什么吸引了它的注意力。

实验至此,研究人员发现如果黑冠猕猴和猴群首领或者是自己的"亲戚"搭伴儿,那么,猕猴追视的速度不会发生改变。但是,如果两只猕猴的关系非常紧密,那么,猕猴追视的速度则会加快起来,而且追视行为还会受到猕猴之间友谊深厚程度的影响。

由此麦克莱塔得出这样的结论:在一些物种里,朋友可能和家庭成员、和优势地位一样重要。但是对于另外一些情况,比如实验当中的这种眼神追视的行为,友谊往往比血缘关系会发挥出更大的作用。就是说,友谊对这些动物的日常生活和生存来说很重要。

24. 尴尬会让你更被信任吗

> 在大街上热情地挥手打招呼,却发现认错了人;演讲至高潮部分,却突然忘词;满心欢喜地上台领奖,却在众目睽睽之下摔倒……频繁出现的尴尬场面会不会让自己显得很不得体?为什么总是这么尴尬?不要怕,科学家告诉你,尴尬会让人显得亲和可爱,值得信赖。

◎ 表现出尴尬的人更利他

当人们做了傻事,觉得大家的目光里满是嘲笑与批评的时候,就会产生尴尬的情绪,恨不得立刻隐身逃离现场。作为一种自我意识情绪,尴尬的产生取决于我们认为别人会怎么看自己的行为。

的确,尴尬的体验让人很是不爽。而且处于尴尬中的人会认为,自己其实很注重社会规则,只是马失前蹄罢了,渴望赶紧做些什么来挽回面子。于是,尴尬就成为了一种社会信号,表达出个体潜在的亲社会性(为他人谋福利)、忠诚以及乐于合作的倾向。

为此,美国加州大学伯克利分校的马修·伯格等人进行了一系列实验。在一个实验中,他们请大学生作为参与者,并让他们想象自己置身于12个已设置好的尴尬场景(比如演出正精彩地进行着,你却鼾声如雷,引得众人侧目),并请这些大学生对自己在每一个情境中感到的尴尬程度打分。

之后，这些大学生参与者会完成一个独裁者游戏（在这个游戏中，研究者会给他们10张彩券，任由他们将彩券分配给自己和另一个人，分给对方的彩券越多，说明参与者越利他），并填写一份测量利他倾向的量表。

结果显示，这些大学生参与者感受到尴尬的程度与分配给他人彩券的数量以及利他倾向都呈正相关。

◎ 人们喜欢与表现出尴尬的人合作

一直以来，人们总是更青睐于具有亲社会性倾向的同伴，他们亲善、合作、自我牺牲。结交这种亲社会性的同伴，在原始时期利于生存繁衍，在现代社会则利于互惠双赢。

人们往往习惯通过肢体动作、表情等载体，识别一个人是否具有亲社会性的特质，从而决定与之交往的方式。因为社会性情绪（比如同情、感激、爱）以其自发产生、难以伪装的特质，成为传递亲社会性信息的媒介。

如果说尴尬能传递出个体亲社会性的信息，并及时被他人捕捉，那么我们就可以大胆推测人们更乐于与表现出尴尬的人合作。

◎ 验证这一假设

为了探究这一假设，马修·伯格等人开始着手实验了。在一个实验前，研究者先将大学生分为两部分，他们让一部分大学生参与者观看一段内容尴尬的视频，又让另一部分大学生参与者观看一段内容不怎么尴尬的视频，并让他们各自完成了一份测量亲社会性倾向与反社会性倾向的问卷。

结果显示，这些大学生参与者一致认为在内容尴尬的视频中出现的人物，不论男女，亲社会性更高，反社会性更低。人们好像能够接收到表现尴尬的个体默默传递出的亲社会性信号。

在另一个实验中，研究者分别向3组大学生参与者呈现尴尬、骄傲和中性情绪的图片，并安排这些大学生参与者对图片中人物所体现出的亲社会性程度进行打分，之后，完成一项信任博弈游戏。

这个游戏与上文提及的独裁者游戏相似，参与者（A）拥有一定数目的资金，可以将其任意分配给另一个人（B），而且一旦决定分配的数目，B

得到的这笔资金会立刻变为原来的3倍。之后,由B选择回馈给A多少钱。

如果A不信任B,可以选择不把钱分给B,或者思考一番后,只给B一点钱,但绝不会把较多的钱给B。因为万一B忘恩负义,A就亏了。如果A信任B,觉得B会投桃报李,那他可能会给B多一些,这也体现出人际交往中的互惠倾向。实验者通过A分配资金的数目,衡量他们信任与合作的意愿。结果表明,这些大学生参与者认为表现尴尬的个体更有亲社会性,因此在信任博弈的游戏给他人分配更多的资金。

一些进化论的观点认为,亲社会行为是内化社会规则之后的副产品。遵守规则、乐于牺牲为人们赢得信任和支持。

这么说来,人们乐于选择与亲社会性个体合作互惠,共同进步。真是想不到,尴尬也能传递出个体亲社会性的信号,促进利他行为的产生,成为增加合作与被选择的筹码。所以,与其还在为生活中屡改屡犯的尴尬事儿烦恼,倒不如糗一点更可爱。

Part2 匪夷所思的行为

25. 书写真的可以赶走焦虑

> 你是否有刷微博、写博客、记日志的习惯？你是否只是轻描淡写从起床到睡觉的记流水账，还是深刻记下内心的情感与想法？你是否想过"书写"这一小小的习惯会对我们的学习、工作和生活产生重大的影响？

◎ 书写的"魔力"

2011年1月14日，《科学》杂志发表了一篇题为《写下对考试的焦虑，提高考试表现》的报告。该研究做了2个实验室实验和2个现场实验。

在实验室实验中，实验者人为地操纵参与者的焦虑水平，然后让他们完成数学任务；而现场实验则是直接选择即将参加高考的学生作为研究对象。

结果发现，参与者花10分钟书写与任务有关或者与考试有关的焦虑情绪和想法可以显著提高他们的成绩，尤其在高焦虑情境下或是在高焦虑特质的被试者身上效果更为明显。

◎ 不一样的"书写表达"

简单的书写为什么会有如此大的"魔力"呢？其实，书写的"魔力"在心理学上早已被广泛研究，统称为"书写表达"，是一种强调以书写的方式表露内心情感和想法的情绪调节方法，与口头表达一样都属于将情感语言化的情绪表露方法。研究表明，书写表达可以缓解抑郁、焦虑，减轻慢性疾病带来的痛

苦。书写表达已经作为一种临床手段应用于各种身心疾病的康复和治疗。

得克萨斯大学奥斯汀分校的潘尼贝克教授将63名在计算机与电子产品公司从事过5个月工作的失业人员随机分成3组：书写表达组、书写控制组和无书写组。这些参与者在年龄、性别和种族等方面，均无显著差别。在实验开始前一周，他们就得知在接下来的连续5天内每天会花20分钟时间书写，并记录他们的年龄、身高、体重、血压、心率和"过渡期寻求行为问卷"（一种给失业者做的心理问卷）的得分。

这些参与者每天书写前，先与研究者碰面，熟悉实验流程。书写表达组的参与者要求围绕失业及其如何影响生活书写下内心最深的情绪和想法，书写控制组和无书写表达组的参与者要求书写计划和在求职过程中发生的事情，不同的是前者要求探寻内心最深的情绪和想法，而后者则避免涉及任何情感和想法。

参与者书写完成后，还要填写一个每日书写问卷，并将自己写的东西编号塞进一个盒子以保证匿名。这个5天书写表达任务完成后，还要再次测量他们的体重、血压、心率和过渡期寻求行为，并在随后几个月进行追踪测量。结果发现，书写表达组中，68.4%的人重新找到了工作；书写控制组中，47.6%的人找到了工作；无书写组中，27.3%的人找到了工作。可以看出，书写表达组找到工作的速度和比例远远高于控制组和无书写组。

◎ **书写表达的注意事项**

并非所有的书写表达都是有效的，只有一定规范的书写才能起到效果。研究发现，影响书写表达效果的因素可能有以下几点。

表露的主题。简单描述日常生活并不能改善个体的情绪状态，只有一定主题（如书写自己的创伤、强烈的情绪等）的书写表达才能达到疗效。此外，书写表达积极内容和消极内容或以不同视角描述经历都会产生不同效果。

书写时间的长短。研究认为，每周书写一次、连续4周的效果可能好于一周书写4次的效果。也有一些研究发现每次书写时间30~40分钟，每天一次连续3~4天或者每周一次连续3~4周效果较好。

书写反馈。书写内容是否被给予反馈和给予何种反馈也会影响书写表达的效果。但是到底要不要反馈,目前还没有定论。

个体差异。研究发现性别、年龄和人格特征等因素都可能影响书写表达的效果。也有一些研究认为男性、高敌意特质者、分裂人格者和习惯压抑应对的个体可能从书写表达中获益更多。

教育、语言和文化因素。研究发现,不同语言、教育水平和文化背景的个体从书写表达中获益的程度可能是不同的。美国的一些研究发现,文化程度高的个体从书写表达中获益较多。

◎ 书写表达为什么有效

为什么书写表达会有如此神奇的效果呢?新南威尔士大学白奇博士认为在书写表达的过程中,人们可以自由表达内心的情绪情感,书写的过程就是一种情绪的宣泄。反之,主动抑制情绪则会引起自主神经系统和中枢神经系统的唤醒,长此以往将成为一种慢性、低水平的压力源,影响身心健康。书写表达减小了情绪抑制,因此可以减小个体的压力水平,改善身心健康状况。

书写表达可以帮助个体组织和重构创伤性记忆,形成更加适应的对自己、他人和世界的认知。此外,书写表达可能为消极情绪的宣泄提供了一种安全而简便的方式,多次反复将某一情感性事件暴露出来,减少人们内心的压力。

26. 人为什么会笑

> 笑是人类与他人进行交流的最古老的方式之一。那么,究竟为什么一些情感会使我们的嘴角扬起呢?

◎ **我们到底为什么会笑**

英国心理学家麦孤独认为幽默是一种本能,当人有了这种本能,才能以快乐的态度来处理事情,即使失意时,也能泰然处之。最近有研究表明,经常笑可以提高人的免疫力。因此,笑受到了很大关注。

可是,我们到底为什么会笑呢?科学家解释说,在地球上的生物中,只有人类和一部分猴子会笑。的确,我们从没见过鸡或鸭子笑。心理学家还发现笑是人类与他人进行交流的最古老的方式之一。

然而在此以前,笑只被看作人类具有幽默感的体现。我们之所以笑是为了和别人团结一致或者嘲笑他们,要么用笑和别人调情。我们中的每一个人早在牙牙学语之前就掌握了这门技巧。通过笑这种行为,人们可以传递各种信息。尽管听见笑声的人会很多,但只有特定的接收者才能听懂笑声中的信息。这种信息就像加密过一样,因为它直接对准接收者,并不需要他有意识地理解。

◎ **形形色色的笑**

笑的种类有很多,科学家们对此众说纷纭。弗洛伊德、康德、柏格森等学者都对"笑"进行过深入的研究。弗洛伊德认为诙谐是开玩笑,因为社会的清规戒律很多,禁止人们"胡说八道",所以只好开个小洞,说个笑话来解除压抑。

康德认为笑是希望的消失,"一种紧张的期望突然归于消失,于是发生笑的情感"。法国哲学家柏格森则说,笑是"生气的机械化"。人的生命生机勃勃,人的行为机敏灵活;但当一个人变得呆头呆脑时,他就可笑了。当看到让我们觉得开心或者有趣的事物时,我们会笑。

◎笑是一种社交工具

笑还是一种社交工具。当人独处的时候,他的喉部很少颤抖。人只有在和其他人共处的时候才会发生吃吃的笑、轻声的笑和尖声的笑。发笑的人常常中断谈话,等笑完之后才继续交谈。奇怪的是,发笑的人自己却很少注意到这一点。

在我们生活的方方面面,笑都会对他人产生影响。嘲笑的笑声把"受害者"搞得像傻瓜,把自己弄成侵犯者。在工作中,尽管你的上司是一个非常无趣的人,但是你还会用一种低声下气的笑表示自己对他的附和——这都是为了在上司那里得到一个好印象。而你的领导则用一种不同的笑让你感觉自己的威严。

◎笑能缓解自身的压力

除此之外,笑也能缓解自身压力,让高度紧张的精神松懈下来。美国精神病学家V.S.拉马钱德兰在《大脑,还是幽灵?》中曾有过这样一段有趣的叙述:"当发生了意想不到的、需要提高警惕的事情时,人会紧张起来;但当弄清情况后,如果发现这个事情对自己并没有威胁,人会笑出来。"

也就是说,当人们感到危险时,神经就会紧张起来,但是当你发现危险并不存在时,神经就会放松下来,自然而然也就笑了。心理学中,我们对这种状况的解释是:笑是缓和某种紧张状态的方法,通过笑可以缓解心理上的压力。

27. 为什么靠边的座椅受欢迎

> 在地铁始发站上车的乘客，面对空空的长条座椅，排在前面的乘客，大多会选择最靠边的座位，接下来的乘客会坐在座椅的中间位置，这是为什么呢？

◎ "保卫"自己的"领地"

很多人都有过这样的体验，在地铁始发站候车时，当车进站车门打开的一瞬间，很多人会涌入空车厢，车厢座椅的两端先被人坐满，后面的乘客会顺势坐在座椅正中间，再往后上来的乘客才会一点点地把座椅"填满"。如果座椅空间足够大的话，乘客都会选择和别人保持一定的距离。只有没有空间的时候，才会人挨着人挤着坐。

为什么大家会选择这么坐呢？透过这种行为，我们可以看到每个人都有一种想确保自己"领地"的心理。每个人都想"保卫"自己身体周围的一定空间，如果有人进入这个空间，我们就会产生压迫感，感到浑身不自在。我们将这种"领地空间"称为私人空间。

研究表明，每个人私人空间的范围都各不相同。比如，性格外向、开朗的人，私人空间比较小，别人在一定程度内接近自己，也不会觉得不自在。而性格中排他性比较强的人，私人空间的范围相对较大，如果有人进入他们的私人空间，就会很反感。

◎ 为什么座椅中间的位置受冷落

也许有人会产生疑问，在空空荡荡的地铁里，坐座椅的中间不也能确保私人空间吗？反正两边都是空的。别忘了，在地铁的行驶过程中，会不断地有乘客上车下车，虽然开始发车时左右两边是空的，但不久就会被人"占领"。但是靠边的座位就不同了，至少可以保证单侧不会有人。因此，靠边的座位相对会让人更安心些。

在人来人往的地铁里，尤其是上下班的高峰期，大家不可避免地要进入彼此的私人空间，甚至发生身体接触。因此，处于始发站候车的人相对较少，大家自然会优先选择靠边的座位，以保证自己的私人空间最大限度地不被"侵入"。

◎ 人际交往同样需要保留私人空间

其实，在人际交往中同样需要彼此保留私人空间。这种距离不仅是一种物理现象，更是一种人际学问，它是我们每个人都必须面对的问题。美国心理学家教授霍尔通过研究得出这样一个结论：人际关系中的距离相当于"度"，也就是说只有保持好交往的频率、距离和尺度等，才能拥有良好的人际关系。

距离是人们维持关系的基本因素，但距离不是漠视、冷对他人，更不是时时刻刻怀有防备之心，而是在人际交往中寻找自己的价值。所以，适度地保持距离相当于为人际关系增加重量级筹码。事实上，真正拥有良好人际关系的人，往往是那些既能真诚对待他人，又能保持自身独立的人。只有恰当拿捏距离的"力道"，才能够探寻到成功交际的奥秘，在人际交往中轻松获胜。

28. 第六感就是潜意识

有些情况下，我们的大脑会给我们发布一些危险信号，这种大脑预警究竟是潜意识的功劳，还是第六感的功劳？我们所说的潜意识，就是第六感吗？

◎"费洛蒙感觉"

尽管科学界还没有给古希腊哲学家亚里士多德提出的"视、听、嗅、味、触"这五大感觉之外的"第六感"命名，但相关研究却并不少。

科学家曾根据这个感觉的特征——直接影响人们的感情、情绪，提议将其命名为"类嗅觉"或者"情觉"，而目前国外通常的称法为"费洛蒙感觉"。

◎动物的"第六感"

第六感研究领域的最主要信息来源是动物界。动物心理学家丹尼斯·巴登曾在《动物心理学》中用大量篇幅描绘了动物的"第六感"。他在书中提到，1940年希特勒对伦敦进行大规模轰炸，在德国飞机袭击前数小时，有一些猫就在家中来回走动，频频发出尖叫声，有些咬着主人的衣裙拼命往外拉，催促他们迅速逃离。

其实，即将发生大灾难时，很多动物都会有不同寻常的反应。当船在海上即将遇上海难时，船上的老鼠会先一步集体出动，狂躁不安。还有大地震之前，各种动物都会狂躁不安，纷纷出笼，奔向路边。这些奇怪的现象都让一些科学家相信动物一定存在某种第六感。于是，科学家试图破译它。

一位英国化学家为此进行了多年实验，通过实验他总结出，心灵感应和预感等现象都可以从动物学的角度得到解释。其实这些都是动物的正常行为，在其进化过程中，这些技能使它们成为"适者"而生存下来，而人类的第六感同样是从我们的祖先那里继承下来的。

◎大脑给人类的预警

动物将信息排出散发到体外后，通过空气、水等媒介传给其他个体。科学家通过与人类作比较，发现人类同样存在着这样一种传达消息的功能，只是人类的感受器官退化了，反应不如动物强烈。

2005年年底，美国有科学家撰文称，人类大脑可能具有"盲视"的功能。人类可以不通过感觉器官而直接感应到外界信息，近似于一种"第六感"。华盛顿大学的科学家指出，大脑额叶部区域可早于人类意识之前感知到危险，并且提供早期的警告帮助人类逃脱。

研究人员还发现，大脑中有一块被称为前扣带皮质的区域可能会在人类感知危险之前就有所反应，并且能够提供一些预告，以帮助人类摆脱危险。

研究指出，当我们在可能犯错误的关口，甚至需要作决定的左右两难之际，前扣带皮质已经先一步察觉到了这种"尴尬之境"，它会用特殊的方式提醒我们注意，让我们避免犯错。因此，前扣带皮质在大脑对外界的认知与反应中充当了"预警官"的角色。

有些研究者对这个理论进行了实验。他们让一些身体健康、反应灵敏的年轻人响应出现在计算机屏幕上的不同的信号。该信号是一些方向不同的箭头，当被试者看见箭头的时候，要在键盘上进行相应方向的操作。进行实验的时候，被试者的脑部工作状况处于被监控的状态。

但为了试验出被测试者处理未知事件时脑部运动状况，研究人员有时会插入另一个较大的蓝色箭头，使得参加者必须转换思维，而按另一按键。扫描参加者的脑部活动显示，最后只要仅仅显示与较大箭头相关的蓝色，就足

以发动前扣带皮质的活动。研究人员解释，这项研究表明脑部的这块区域的确可以提前感知信息。

那么，大脑给我们预警，是潜意识的功劳，还是第六感呢？严格说来，潜意识和第六感在某些部分是有交集的，但不能将它们等同起来。潜意识会接收到更多意识层面所遗漏的东西，它们不通过任何逻辑推理而得。这些东西常年"埋伏"在我们的大脑中，不被我们所察觉。当它们浮现并被感知的时候，就成了"第六感"。也就是说，第六感只是潜意识中的一部分。

29. 为什么说人倒霉喝凉水都塞牙

> 中国有句古话说得好，人倒霉时喝凉水都会塞牙。而美国工程师墨菲则告诉我们，面对人类自身的缺陷，最好想得更周全一些，采取多种保险措施，尽量防止偶然发生的人为失误。

◎著名的"墨菲定律"

大部分定律都是由哲学家、文学家或者科学家发明创造的，但是墨菲定律则不然，它是由一名工程师不经意间说出，最后经过人们的传播确定下来的。

1949年，美国空军进行MX981实验，空军上尉工程师爱德华·墨菲也参加了这次实验。有一天，在通常认为无误的测试过程中，却没有记录下任何数据。墨菲检查发现，原来竟然是一位同事将16个记录电极全部放错了位置。墨菲和同事开玩笑地说："如果一件事情有可能被弄糟，就一定会弄糟。"

很快这句话成为一个著名的论断而流传。在流传扩散的过程中，这句玩笑话逐渐失去了它原有的局限性，变成了著名的"墨菲定律"：如果坏事情有可能发生，不管这种可能性多么小，它总会发生，并引起最大可能的损失。举例来说，如果你的书包里有两支笔，一支是铅笔，一支是碳素笔，如果你本来想拿出碳素笔，结果往往会拿出了铅笔。

◎ 由袜子的推理说起

作家罗伯特·马地欧斯曾提出过一个十分有趣的问题：如果你有10双袜子，并且不管你怎么保管，还是丢了6只。那么你会剩下几双袜子呢？

最幸运的一种情况是还剩7双完整的袜子，也就是说丢失的6只袜子刚好是3双；最不幸的一种情况是你只剩下4双完整的袜子，因为6只丢失的袜子来自6双不同的袜子。

马地欧斯根据概率论进行计算，结果如下：剩下7双袜子的概率是0.003，剩下6双袜子的概率是0.13，剩下5双袜子的概率是0.52，只剩下4双完整袜子的概率是0.347。也就是说，最终剩下4双袜子的最坏可能性，比剩下7双袜子的最好可能性要大100倍。这是偶然的吗？当然不是，其实这也是墨菲定律的一个佐证。

如果一双袜子丢了其中一只，就不能再穿。在一个庞大的由或多或少个部件接成一串的总体中，一部分失效，那么整个部件就会失效。有些系统甚至更为脆弱，在一个内部关系错综复杂的体系中，有时候一个小小的螺丝，甚至比这个还微乎其微的一个因素就能导致一个系统完全失效。当这样的事情发生时，我们必须知道，这不只是悲剧，而是人为的因素。

◎ 正确对待错误

在职场上，有些人总是希望自己的工作零错误，为此，给自己制订了一系列计划及意外发生的处理情况。结果，一旦意外发生还是会手忙脚乱，无法妥善处理，进而耽误原来的工作计划，最后得不偿失。

其实，错误是无处不在的，任何事情都可能出现失误，我们唯一要做的就是在出错之前假设可能出的错，尤其要注意那些自认为最不可能出错的地方，要么找出来纠正，要么盯紧，防止突发事件的发生。

Part3　选择背后的秘密
○ 你选择的是你的选择吗 ○

　　为什么减肥总是从明天开始？为什么关掉电视或者断开网络对我们很难？为什么我们的选择会受到他人行为的影响？

　　为什么我们以为自己的选择是自由、自主、独立的，然而无可奈何地受到各种因素的迷惑、摆布、戏弄？是生活充满了变数，还是我们原本就喜欢与众不同？我们选择的真的是我们的选择吗？

30. 为什么你宁可用一张错误的地图，也不愿没有地图

> 我们总是依据现成的例子来想象这个世界。其实，这是愚蠢的，因为外界现实中的某些东西不会因为我们更容易想到而出现得更频繁。

◎ **人们常常会犯的偏误**

有这样一个人，终生吸烟，每天不少于3盒，却活到了100多岁。因此，他常常说，吸烟的危险不可能有多大。有这样一个人，住在白沙岛（德国汉堡城北的一个区）中部，外出时，他从不锁门，哪怕度假都不锁门，幸运的是，他家还从未失窃过。他便断定，锁门完全是多余的。讲这些话的人总是想证明某种东西，但他们什么也证明不了。其实，这么讲话的人是犯了现成偏误。

再让我们看这样一个例子，试想一下，首字母是R的德语单词要比结尾字母是R的多吗？答案是，结尾字母是R的德语单词要比首字母是R的多，甚至两倍以上。

可是，为什么大多数人会答错这个问题呢？因为我们往往会在第一时间想起以R为首字母的单词。换句话说，它们更现成。

◎ **何为现成偏误**

这里所说的现成偏误是指我们依据现成的例子来想象世界。很显然，这种想法是非常愚蠢的，因为外界现实中的某种东西压根儿就不会因为我们更容易想到而出现得更频繁。

由于现成偏误的存在，于是，我们的脑子里会有一张错误的风险卡，因此，我们总是高估了因飞机坠毁、汽车事故或谋杀而遇难的风险，我们总是低估糖尿病或胃癌这些不太能引起轰动的方式引起死亡的风险。

简单地说，对于世间一切壮观、华丽或大声的现象，我们往往会高估它们出现的概率；而无声、无形的一切，我们总会低估它们出现的概率。这是因为我们的大脑是剧本式思维的，而不是量化思维的，我们的大脑更容易接受壮观、华丽或大声的东西。

◎现成偏误的"牺牲品"

说起现成偏误，医生可谓是最常见的牺牲品。他们往往有他们自己最喜欢的疗法，并用它们治疗所有可能的病例。虽然有可能存在更合适的疗法，但那些疗法在医生的思想里是不存在的，他们总是习惯采用自己熟悉的方法。

至于企业顾问也好不到哪里。如果他们遇到一种新情况，不会双手交叉在脑后，叹口气说"我实在不知道我能提出什么建议"，相反，他们往往会启动一个他们熟悉的顾问程序，根本不管这个程序合不合适。

事实上，一旦某种东西重复出现，我们的大脑就很容易重新提取它，尽管它并不一定是真的。好比"不明飞行物""生命能量"或"轮回"这些词，你只需足够经常地重复它们，人们就会相信它们。

在现成偏误的"牺牲品"中，还有一些大人物值得一提，那就是董事会。通常，他们只讨论管理层呈送给他们的东西——大多是季度数据，却从不讨论管理层未呈送给他们，但尤为重要的事情。比如，如何更好地应对员工积极性的下降；如何更好地应对客户行为的某种意外变化。

◎那些灾难性的结果

正如你所观察或者是经历的那样：我们总是先使用现成的数据或配方，然后，再在此基础上作决定，结果却常常是灾难性的。比如，10年前人们就知道，用所谓的期权定价模型公式确定衍生金融产品的价格是行不通的。但

是由于当时并没有别的公式,所以人们宁可使用这样一个错误的公式。再比如,"波动率"也是一样。用它测量一种金融产品的风险显然是错误的,但它却是现成的,结果这一现成偏误给银行造成了巨额损失。这就好像你身在一座没有地图的陌生城市,但你口袋里却有另一座城市的地图,于是你就用了那张地图。你宁可用一张错误的地图,也不愿没有地图。

总之,为了避免出现现成偏误,请与跟你想法不同的人合作,跟那些与你拥有截然不同经验的人合作,因为你一个人是无法战胜现成偏误的。

31．为什么不该随便收别人的花

> 没有任何一个生物是独立存在的，每个生物都直接或间接地跟其他生物有关。互惠古来有之。没有互惠，人类，还有无数种动物，早就灭绝了。

◎不一样的募捐模式

几十年前，正值嬉皮士文化鼎盛时期，在火车站和飞机场，人们经常会遇见身裹粉红色长袍的教徒。每当行人匆匆走过时，这些教徒就会给每位行人赠送一小束花。多数时候，这些教徒言语不多，只有一句问候、一个微笑，仅此而已。

但是匆匆走过的人们即使觉得一小束花没多大用处，通常也会欣然接受，因为人们并不想表现得太无礼。但是，如果你拒绝接受这份礼物，你就会听到教徒温和地说："请收下吧，这是我们给您的礼物。"

当你收下这个礼物，打算在下一条巷子，将花扔进垃圾桶时，你会惊讶地发现那里已经有几支了。不过，事情到此并非结束。当你正受良心折磨的时候，一位教徒会主动上来与你搭话，要求你捐赠。许多时候这样做的话，十之八九都会成功。科学家罗伯特·西奥迪尼仔细调查了这一现象，得出的结论是人们几乎都不能忍受亏欠。

◎特殊的怪圈

几年前，B夫妇邀请A夫妇去他们家做客、吃晚饭。A夫妇认识B夫妇

已经有一段时间了，在A夫妇的印象里，B夫妇和蔼可亲，但绝对不擅长交谈。他们想不出好借口拒绝，只得同意。

果然，A夫妇在B夫妇家的那个夜晚简直就是无聊透顶。但他们还是觉得有义务，几个月后也邀请B夫妇来家里做客。这种你来我往的强迫虽然带给了A夫妇枯燥的夜晚，但是他们却不这么想，因为几星期之后B夫妇又提出了一次邀请。

可以想象得到，很多人出于纯粹的互惠义务，多年来定期相聚，虽然他们可能早就巴不得跳出这个恶性循环的怪圈。

◎ 互惠古来有之

其实，互惠行为古来即有之。它的基本含义是："我帮你，你帮我。"综观那些食物总量变化很大的动物之间，早就存在着互惠行为。

假定你是猎人，有一天运气极好，猎杀了一头鹿。看着如此多的鹿肉，你一天也吃不完。可是，当时又没有冰箱，于是你就与你的群体成员瓜分了这头鹿。这样一来，当你有一天运气不好的时候，也可以从别人的猎物中获得好处，这就是一种出色的生存策略。其实，互惠就是一种风险管理，如果没有互惠的话，无论是人类，还是其他物种早就灭绝了。

不过，互惠也有可恶的一面，那就是报复。有报复就会有反报复，然后我们就会陷入一种恶性循环。

这样看来，如果下次在超市里有人主动跟你搭讪，让你品尝葡萄酒、酸奶或火腿，你就知道你为什么最好是拒绝他了。

32．为什么凶恶的面孔比友善的面孔更容易引起我们的注意

> 为什么我们对不利东西的反应要比对有利东西的反应表现得更敏感？为什么我们走在大街上时，一张凶恶的脸要比一张友善的脸更容易引起我们注意？

◎是什么让你的幸福感缩水

现在请你考虑一下你今天的幸福感，并用1~10这几个级别表示其程度。与此同时，请你回答下面两个问题：第一，什么会将你的幸福感升到10级？是你梦寐以求的海景房，还是事业阶梯上迈出的一步？第二，发生什么事，你的幸福感会以至少同样的程度减弱——半身瘫痪、癌症、沮丧、战争、迫害、破产、失去你最好的朋友、孩子被绑架、老年痴呆、饥饿、失明、死亡？

看得出"负面"因素比"正面"因素多。在人类过去的进化过程中，这种情况还要明显得多。甚至可以说，我们只需犯一个愚蠢的错误，就会死。

◎得与失的不对称

我们估计损失要比我们估计收益多得多，这一点都不足为奇。让我们看这样一个例子。一个人在回家的路上看到路边有一张100元钞票，显然是别人不小心丢失的。他捡起这张钞票，心里挺开心，就像是从天而降的一笔收入。但是当他回到家，看到活泼可爱的女儿出来迎接他时，就很快把这捡钱

的事情给忘到脑后了。

之后又有一天，他在上班的路上，发现他放在口袋里本来打算给交通卡充值的100元钱不知道什么时候不翼而飞了，他猜想一定是在拥挤的车上被人顺手牵羊了。虽然只是丢掉了100元，并不是多大的损失，但是懊恼和愤怒却一直萦绕着他。那一整天，他都闷闷不乐，直到回到家，还对自己的爱人愤愤不平地讲起这件事。

看到这里，请想一想，对你而言，捡到100元的惊喜和丢掉100元的沮丧，哪种感情会更强烈一些呢？通常情况下，丢掉100元的沮丧往往要大于得到100元的惊喜。

心理学家经过长期研究，把这种现象称为"损失规避"：相同的一样东西，人们失去它所带来的痛苦要大于得到它所带来的快乐。人们往往更在乎"失"，损失要比同样多的收益对我们的影响更大，因此，人们也就有意无意地尽量避免"失"，这就是损失规避。

◎ 几个有趣的现象

从上文可知，如果我们想说服某人，请不要用可能的收益做论据，而要说他这样做可以规避一种可能的损失。

让我们以希望人们及早识别女性乳腺癌的宣传为例。现在有两种传单。传单A的说法是："请每年接受乳腺癌检查，这样你可以及时发现和治疗可能罹患的癌症。"传单B的说法是："假如你不每年接受乳腺癌检查，你是在冒可能罹患癌症不能被及早发现和治疗的风险。"在这两种传单上都有一个电话号码，供读者打电话索取额外的信息。结果表明：通过传单B，打电话的读者人数更多。

的确如此，很多时候，人们害怕失去某件东西的想法比获得某件同等价值的东西的想法表现得更强烈。现在让我们假设你的工作是为房屋提供隔热层。假如你告诉顾客，缺少隔热层他们有可能损失多少钱，就要比告诉他们使用好的隔热层他们能够节约多少钱，更有助于说服他们在房屋里使用隔热层。虽然这两者之间在金额上是一样的。

股市上也是一样：投资者们往往宁愿继续等待，希望他们的股票重新上涨，于是，表现得更倾向于忽视损失。在他们看来，被忽视的损失还不算损失。因此，他们不卖，即使上涨的希望渺茫、继续回落的概率很大。

让我们再把目光转向职场，基本上所有员工（如果他们是独自承担责任，而不是集体作决定的话）都有畏惧风险的倾向。如果我们站在员工的立场来思考这种现象，很显然这样做是有意义的：如果做成某件事情最多会带给他们一笔奖金，但是一旦失败就有可能让他们丢掉工作，既然如此，那他们何必冒这种风险呢？

要知道，几乎在所有公司的所有情况下，风险都大于可能的收益。如果你作为公司老板抱怨你的员工缺少冒险精神，那你现在就知道是为什么了。

总之，我们对不利东西的反应往往要比对有利东西的反应表现得更敏感。这也解释了为什么当我们走在大街上时，一张凶恶的脸要比一张友善的脸更容易引起我们注意。既然我们更倾向于对"失"表现出更大的敏感性，所以，我们在作决定时要学会使用换位法，将自己带入不同甚至是相反的情形中考虑自己可能的决定，从而平衡损失规避心理造成的影响，作出对自己最有利的决策。

33. 为什么不行动只是等待就是种痛苦

> 人类的全部不幸就是他们不能安静地待在他们的房间里。如果情况不明,请你不要采取任何行动,直到你能更好地分析形势。无论什么时候,都要学会克制自己。

◎ 守门员也要采取行动

以色列研究员巴尔·艾利曾针对100例罚点球的情形做过一个研究,结果显示,足球运动员罚点球时,有1/3的概率是射向球门中央,1/3的概率射向左边,1/3的概率射向右边。

当足球运动员罚点球射门的时候,守门员会作出怎样的决策呢?他们或者扑向左,或者扑向右。总而言之,他们很少待在中间——虽然有1/3的球会射向那里。这是为什么呢?因为对于守门员来说,扑向错误的一侧要比傻瓜似的呆立原地,看着球从左边或右边飞过去好看得多,而且守门员的表现看起来也没那么难堪。

这就是行动偏误:即使毫无用处,也要采取行动。

◎ 是先采取行动,还是先耐心观察

现实中,会发生行动偏误的不仅是守门员。在一家夜总会门外,一群年轻人正在吵吵嚷嚷,狂打手势。那阵势看上去像是要爆发一场野蛮的斗殴。此时,一位巡逻的年轻警察正在老警察的陪伴下停下脚步,远远地观察事态

的发展。老警察下令说,一旦出现伤者就插手干预。

试想一下,如果这种情形下,年轻警察身边没有经验丰富的警察在场,情形很可能就不同了:过分热心的年轻警察很可能会受行动偏误控制,也就是说,他会立即出手干预这场野蛮的斗殴。尤其是在遇到新情形或不明情形时,更会发生行动偏误。然而,一项来自英国的研究却说明,如果此时年轻警察能够耐心等候,受伤者比(年轻)警察过早干预的情形要少得多。

股市上也是一样。许多投资者往往表现得就像夜总会门外没有经验的年轻警察那样:在他们还不能正确分析股市活动的前提下,就采取过激行动。很显然,这是不可取的,当然也不值得。"股神"沃伦·巴菲特对此曾给出这样的表述:"在投资时,行动与成绩没有相互关系。"

不可思议的是,这种行动偏误的现象常常出现在最有教养的圈子里。比如,医生遇到一位病症不明的病人时,他是先马上采取行动——开药呢,还是先耐心观察一段时间,再做出结论呢?实际上,当医生面对这种情况时,往往更倾向于选择马上采取行动。我们不应该责怪医生这么做是出于经济考虑,事实上,让他这么做的原因完全在于行动偏误。

◎为什么会有行动偏误

既然如此,人们为什么会有行动偏误呢?在一个狩猎采野果的环境中,行动比思考的价值要大得多。如果我们的祖先看到森林中出现一个看上去像是剑齿虎的影子,他们不会像罗丹的"思想者"那样坐到一块石头上,去进行思考。他们的第一个反应就是逃跑,而且是拔腿就跑。要知道,在过去那个时代,闪电式反应关乎生死存亡,思考则可能会致命。

但是今天我们的世界与过去完全不同——与行动相比,今天的世界更注重奖励深刻的思考。然而,这一转变却让我们很难适应。如果花时间等待刚好让你作出了正确决定,但你得不到荣誉、得不到刻有你名字的雕像。相反,如果你思维果断、行动敏捷,形势好转了(哪怕纯属偶然),那么你就大有机会受到祝贺。社会更喜欢下意识的行动,而不喜欢有意义的等待。

◎选择比努力重要

在不明情形的情况下,我们会产生要做点什么的冲动,不管它有没有帮助,随便什么都行。之后我们才会感觉好受些,虽然其实什么也没有好转,事实上,往往正好相反。因此,如果情况不明,请你不要采取任何行动。要知道,人类的全部不幸就是他们不能安静地待在他们的房间里。为此,你需要更好地分析形势,克制自己。

34．为什么我们喜欢寻找肯定自己的理由

> 如果你已经开始相信一件事，那么你就会主动寻找能够增强这种相信的信息，乃至不顾事实。这样，一旦我们有了某种偏见，我们就无法改变主意了。

◎病情恶化的陷阱

几年前，W先生在科西嘉岛上度假时生病了。那些症状是他所不熟悉的。眼看着疼痛与日俱增，最后他决定去检查一下。

当W先生来到医院时，一位年轻的医生开始在他的肚子上按来按去，然后一个椎骨一个椎骨地摸。渐渐地，W先生感到这位年轻的医生不懂医术，但又不敢肯定，只好听任他折腾自己。

检查结束后，这位年轻的医生掏出笔记本，说："你需要吃抗生素。每次一粒，每日3次。在你的病情好转之前，会先恶化。"

W先生听了很高兴，终于有检查结果了，就拖着疲惫的双腿返回了酒店房间。没几天，疼痛果然加剧了。W先生心想看来那位医生知道他在讲什么。

5天后，当痛苦依然不减时，W先生打电话向医生咨询，对方给出这样的答复："请将剂量提高到每日5次，还会疼一阵子的。"W先生依然按要求做了。

又过了两天，W先生打电话给急救中心。医生查明是盲肠炎，立即给他

做了手术。"见鬼，你为什么等了这么久？"术后医生问他。

"病情变化完全符合预测，因此我信赖那位年轻医生。"W先生答道。

◎不见起色的营业额

让我们再举个例子。有一位首席执行官，他的公司营业额跌到冰点，营销人员毫无积极性，营销活动屡屡无效。无奈之下，这位首席执行官聘来一位顾问，请这位顾问分析公司的情况，费用为每天5000欧元。

顾问检查后得出这样一个结论："销售部门缺乏想象力，品牌定位不明确。虽然我可以为你纠正过来，但不可能一蹴而就。问题非常错综复杂，需要慢慢解决。在好转之前，营业额还会下滑。"最终首席执行官聘用了这位顾问。

一年后，这家公司的营业额果然下滑了。第二年也是。顾问一再强调，公司的发展正好符合他的预测。3年后，营业额继续不见起色，这时首席执行官终于解聘了这位顾问。

◎**确认偏误，让我们寻找肯定自己的理由**

从上文我们可以看出，那位科西嘉的医生完全是一窍不通，估计是个临时护理人员，结果W先生成了"在好转之前会先恶化"的陷阱的受害者。

使用这个花招儿会大大有利于一个对专业一窍不通或对事情没有把握的专业人员，就如故事二中的顾问，如果情况继续走下坡路，就证明了他的预言是正确的。如果情况意外地好转，客户开心，顾问则可以将好转归功于他的能力。不管怎样，他总是对的。

这种现象被心理学家称为确认偏误，也被投资大师查理·芒格称为"避免不一致性倾向"——人们更可能寻求对已知证据的确认而避免考虑相反证据。

◎屡见不鲜的情形

如果你帮过一个人，你会因此而更喜欢他吗？虽然听起来不大符合逻辑，但答案很有可能是肯定的。原因很简单，从心理学角度讲，人们更倾向于不改变原有印象或意见，因此，当我们帮助一个人以后，往往会倾向于收集这个人的正面信息以证明这个人是值得帮助的。

美国独立战争的领袖、杰出的政治家本杰明·富兰克林就曾经巧妙地运用了这一点。当富兰克林还是费城一个默默无闻的小人物时,为了得到某个重要人物的垂青,他经常设法请那个人帮他一些小忙,比如,向他借一本书。从此以后,那个大人物果然更加欣赏和信任富兰克林了。

在投资领域,这种情形同样屡见不鲜。比如,当你买入一只股票或基金时,只要看到同样看好该股票或基金的文章或评论时就会格外兴奋,哪怕写文章的人是一个你平素不太喜欢的作者。

◎ "确认偏误"——别想说服我

坚持己见当然不是理性的做法,而且也可能导致糟糕的后果。为了避免出现这些后果,我们不得不在很多场合采取特别措施,比如,如果有人说"在好转之前会先恶化",你脑子里就应该敲响警钟。

在投资领域,我们也需要同样的机制来避免自己形成"思维定式"。为此,我们需要善于不断检查自己的决定,推翻自己的错误想法,以开放的心态接受新观点和新证据。

事实上,金融大鳄乔治·索罗斯就喜欢标榜自己在投资领域的过人之处,不是因为他能多次判断准确,而是因为他比大多数人能更为及时地发现自己的错误,并及时修正或干脆放弃。而这种做法恰恰是其成为一名"理性投资者"的前提。

不过,请注意一点:确实有那样的情形,先是再次下滑然后回升。事业的转换很可能会耗费时间,一个企业的重组也很可能需要一定的时间。但所有这些情况,人们很快就能看出措施是否有效。里程碑是明确的,是可以检测的。所以,请你望着里程碑,而不是望着天空。

35. 为什么我们总是会自信地犯错

> 为什么人们潜意识里觉得自己越努力，结果却越不容易如愿？要知道，并非所有的事情我们都能操控。我们不能被控制错觉所控制，更不能因此而迷失自我。

◎彩票风波

J先生的一位朋友腿骨折了，被绑在床上，这位朋友请J先生去邮局为他买张彩票。J先生圈了6个数字，在上面写下朋友的名字，付了费。

当J先生将彩票复印件递给这位朋友时，他却粗暴地说："你为什么帮我填好了彩票？我本来想自己填的。你填的数字我肯定什么也赢不到！"

"你真以为，你能通过亲手圈数字在某种程度上影响那些球吗？"这位朋友听了，茫然不解地望着J先生。

◎谁让我们自信地犯错

其实，这里就涉及心理学上所说的控制错觉定律，即对于彩票等非常偶然的事件，人们也以为自己的能力可以支配。不过，客观地说，偶然性的事件是受到概率支配的。比如，你扔硬币1000次，正面和反面的概率一定都非常接近500。但哪一次是正面，哪一次是背面，绝对是偶然的、不可预测的。

让我们回到上文买彩票那个例子。实际上，别人给你买和你自己买，从概率上看，中奖的可能性是完全一样的。尽管从理论上人们都应该知道这个道理，可在实际操作中，人们往往还是认为自己"精心挑选"的彩票中奖的可能性更高一些。这或许是因为日常生活中的主要行为都能靠我们的努力和训练加以控制，我们就将这种意识错误地推及所有事，当然也包括那些偶然性事件。

再如，在赌场里，当人们想要一个大数字时，多数人会尽可能地使劲儿掷骰子；当人们想要得到一个小数字时，又会尽可能掷得温柔。其实，当我们掷骰子时，胜负完全是偶然的，与我们的技术和能力毫无关系。假设有人想掷出"双六"的时候，心中就会想"六、六、六"，与此同时，也会小声地念叨出来，甚至不知不觉地用手逐渐加力捏骰子。事实上，结果与这些附加的动作毫无关系，完全是偶然的。只是人们潜意识里觉得自己越努力，结果就越容易如愿。

心理学家曾做过这样一个实验：他们给一些人一些钱，让他们来做掷骰子的赌博。

结果发现，大多数人在掷骰子之前都会下很大的赌注。这是为什么呢？因为人们往往觉得靠自己的努力能使骰子按自己的意愿转动。其实，这一点没有任何逻辑上的依据，只是人们的错觉而已。所谓的控制错觉是指相信我们能够控制或影响某种我们客观上无法控制或影响的东西的倾向。了解了控制错觉定律，我们便不难理解：为什么赌博游戏会吸引很多人，甚至不少人还会为此倾家荡产也难以自拔。

◎ **奇怪但并不神秘的错觉**

错觉虽然奇怪，但不神秘，我们甚至还可以利用某些错觉为人类服务。人们能够通过控制错觉来获得期望的效果。

比如，建筑师和室内设计师就常常利用人们的错觉来创造空间中比其自身看起来更大或更小的物体。在一个较小的房间内，如果墙壁涂上浅颜色，在屋中央摆放一些较低的沙发、椅子和桌子，房间会看起来更宽敞。电影院和剧场中的布景和光线方向也常常被有意地设计，以产生电影和舞

台上的错觉。

总之，我们不能被控制错觉所控制，更不能因此而迷失自我。虽然生活中的主要行为都是通过我们自身的努力和训练来加以操控的，但是，并非所有事情我们都能操控，如果我们错误地认为自己能够操控一切事件，就很可能会由自信变为自负。

36．为什么不要死抱着某种东西不放

> 当个人一旦拥有某项物品，他对该物品价值的评价要比没有拥有之前大大增加。所以，相对于获得，人们非常不乐意放弃已经属于他们的东西，这就是心理学中的"禀赋效应"。

◎被谢绝的买卖

一辆宝马车正在二手车商的停车场上闪闪发光。虽然它已经行驶了一些里程，但看起来完好无损。

A先生对二手车稍有了解，在他眼里，这辆宝马车最多值4万欧元，而5万欧元明显贵得有些离谱。可是，卖方偏偏不让步。

一星期后，卖方打电话给A先生，说他可以以4万欧元的价格买到那辆车，听到这一消息后，A先生当场同意了。

第二天，A先生在一家加油站停车加油，中间，加油站老板与他搭讪，想要用5.3万欧元买下他的车。A先生当即就谢绝了。

事后，直到A先生开车回家时才认识到，自己的行为是多么的不理智。某种在他眼里最多值4万欧元的东西，转到他手里后，价值一下子就到了5.3万欧元，后悔自己当初真应该马上卖掉它。

故事背后的思维错误就是禀赋效应，是指当个人一旦拥有某项物品，那么他对该物品价值的评价要比未拥有之前大大增加。即我们总是感觉我们所

拥有的东西比我们没有拥有的更有价值。换句话说,当我们出售某物时,我们要求的钱多于我们自己愿意为它支付的钱。

◎**额外的价值**

心理学家丹·艾瑞里曾做过一个试验。他抽签分给他的学生一场重要篮球比赛的门票,随后心理学家又问了每个没有得到票的学生,他们愿意花多少钱买一张票。大多数人的出价在170美元左右。然后,心理学家又问那些抽到票的学生,愿意以多少钱出售他们的票。平均售价在2400美元左右。实验之所以会出现如此奇怪的现象,是因为我们拥有某种东西的事实显然赋予了这样东西额外的价值。

同样,在房地产市场上,禀赋效应也表现得很明显。卖方总是将他们的房价估计得高于市场价格。于是,在房主看来,市场价格经常是不公正的。的确如此,因为房主对他的房子总是存有一种特殊的感情,他认为可能的买方应该一同支付这份情感的价值。这显然是非常荒谬的。

◎**失之交臂的投资机会**

投资市场中,也有不少应用"禀赋效应"的例子。查理·芒格是沃伦·巴菲特的合伙人和挚友,一次亲身经历让他更加深刻地了解了禀赋效应。在芒格年轻的时候,巴菲特曾提供给他一个利润特别丰厚的投资机会,只可惜他当时手里没有流动资金,如果要进行新投资的话,就必须卖掉他的股份,但芒格并没有这么做,原因就是禀赋效应阻止了他。就这样,芒格与一笔500多万美元的丰厚利润失之交臂了。

如此看来,相对于获得,人们非常不乐意放弃已经属于他们的东西。让我们放弃实在是比让我们囤积难得多。这也解释了为什么我们会在房子里堆满根本不会用到的物件,为什么邮票、手表或艺术品的爱好者很少会将他们的收藏拿出来交换或出售的原因所在。

◎**行为背后的心理**

那么,这个"禀赋效应"是以什么样的心理作用为基础呢?换句话说,是因为什么样的心理特征才不愿意放弃自己所拥有的物品呢?

行为经济学家给出这样的解释：这和人们的"损失厌恶"密切相关。这里所说的"损失厌恶"就是特别不愿意失去现在所拥有的。因为不愿意失去现在所拥有的一切，所以只有当有人支付很高的价格时才愿意出售。

为此，商人们总是费尽心思地利用"禀赋效应"来创造更大的利润。为了让更多的消费者掏更多的钱，所以，商人们常常劝说消费者先试用。比如以一般的费用先试用3个月，从有线电视到电影的一揽子昂贵项目无不存在。想想看，你是不是也遇到过这样的提议，拥有了还愿意放弃吗？这就是恰当地利用理论创造了更多利润的实例。

有这样一个例子，某一运动器械标价700元人民币，但是消费者只愿意出价500元人民币。于是，消费者决定不买了。店主一边抓住正在转身的消费者，一边竭力劝说他免费试用一个月。微妙的是，在这个试用的过程中却发生了"禀赋效应"，一个月后，消费者一点也不想归还物品，决定出价700元人民币买下这件运动器械。

不论是有线电视公司还是运动器械店店主，他们所期待的无不是这样的效果。如果不劝说消费者免费试用，人们是不可能就那样接受标价的。事实上，当卖家提出这个提议的时候，就是在挖陷阱期待消费者掉进去。有趣的是，这些商人虽然从来没有学过经济学，却能够巧妙地利用经济学理论。事实上，在经济学理论中有很多类似情况，人们明知道是骗局，还义无反顾地陷进去。

所以，当你看到某种标有"不满意七天可以退货"说明的商品，就要提醒自己，或许真的可以退货，但是当你把一件商品带回家试用时，"禀赋效应"就已经开始在你身上起作用了。因此，请不要死抱着某种东西不放，要知道你拥有的一切随时又会被拿走。

37. 为什么共识会带来危险

> 为什么在《皇帝的新装》中只有一个小孩子肯大声讲出事实的真相——皇帝其实是光着身子的?为什么最具智慧的人往往会犯最不可思议的错误?

◎不吭声的"捣蛋鬼"

请想想看,你曾经在某次会议上克制自己,没有说出你的真实想法吗?肯定有过。你肯定一言不发,点头同意种种异议,毕竟你不想做个"捣蛋鬼"。或者,也许你对你的异议压根儿就没有把握,心想:"其他人也不傻啊,他们全都意见一致,那就不吭声吧。"

如果人人都这样想、这样做,就会出现团体迷思:一群有智慧的人作出愚蠢的决定,因为他们每个人都误以为自己的意见是正确的共识,从而作出他们每个人在正常情形下都会拒绝的决定。

团体迷思是从众心理的一种特殊情况,是指团体在决策过程中,由于成员倾向让自己的观点与团体一致,使得整个团体缺乏不同的思考角度,不能进行客观分析。因此,一些值得争议的观点、有创意的想法或是客观的意见不会有人提出,或者直接遭到忽视及隔离。

◎不可攻破的"团体精神"

心理学教授欧文·詹尼斯曾研究过许多失败案例,凭借多年经验,他认为这些失败的案例都有以下一些共性。

一个智囊团的成员通过建立错觉不知不觉地形成一种"团体精神"。这些错觉之一就是无限的信任:"假如我们的领袖和团体坚信计划是可行的,那么幸运就会站在我们这一边。"

另外,智囊团的成员会出现意见一致的错觉,心想:"如果其他人意见一致,我的异议一定是错误的。"

还有智囊团的成员往往不想做那个有可能破坏统一意见的扫兴的家伙。毕竟你会为自己属于一个团体而高兴,而异议则意味着有可能被隔离在团体之外。

同样,在经济界也会出现团体迷思的现象。瑞士航空公司在2001年的倒闭就是一个经典的例子。在当时,一个以首席执行官为首的顾问团体,在过往成功的狂热推动下,是那样意见一致,根本没人对高风险扩张政策提出过任何的不同意见。

◎ "团体迷思"值得深思

在我们周围总是存在这样一种现象:在特定场合有能力进行批判性思考的群体领袖,身边总是围满了阿谀奉承的人。每当群体中多了一个成员声称支持某个决策时,这个群体就会对那些质疑该决策合理性的人多一分敌意。有些人原本可以对事情的真相有更深入的了解,但是迫于群体压力却不能提出任何批判性问题。

我们都知道那个故事,只有一个小孩子肯大声讲出事实的真相——皇帝其实是光着身子的。同样,如果在团体迷思中能够勇敢地提出批判性问题,对该群体的长远利益一定大有帮助,不管这个群体是社会、家庭还是朋友圈。

如果你是智囊团的一名成员,一定要仔细考虑没有讲出的看法,即便有些看法并不是那么中听,必要时还要甘冒被隔离在温暖团体之外的风险。如果你领导着一支团队,更要请你指定某人唱反调,也许他不是团队里最受欢迎的人,但很可能是最重要的人。

总之，当我们处于一个不谨慎思考的群体之中时，要想不被他们同化，就要坚信我们作为批判性思考者的智慧，那就是排除他人的干扰，寻求最佳推理。

Part3 选择背后的秘密

38．红色药片比蓝色药片更甜吗

> 脉搏加快，血压上升，情绪兴奋，容易冲动，这是红色环境给身体带来的变化；而当我们处于蓝色环境中，脉搏会变缓，情绪会变得更沉静。人们除了对环境的色彩敏感，事实上，对药片的颜色也很在乎。

◎颜色缤纷，各有所爱

最新研究发现，药片的颜色、形状、味道，甚至药名的区别，都会给病人带来不同的服药感受，甚至不同的疗效。印度孟买大学的研究者通过研究非处方药发现，药片颜色会影响病人的选择。研究人员在对600人的调查中发现，药片的颜色和形状会影响其中3/4的人对药片的接受程度。

在各种颜色的药片中，红色和粉色都赢得了"群众最喜爱颜色"的称号，但红、粉二色亦有竞争：从年龄来看，年轻人更喜欢粉药片，而中年人更喜欢红色的；从性别来看，红色药片更博得女士的青睐。

研究还发现，对于药片的颜色，人们几乎毫无道理地认定不同颜色代表不同味道。比如14%的人认为粉色药片比红色药片更甜，有10%的人说橙色药片尝起来是酸的，还有11%的人说白色药片是苦的。另外，对于黄色药片，人们就一根筋儿地认为它是咸的。

至于蓝色药片，在印度孟买大学的研究中，有11%的被调查者认为蓝色

药片吃起来是苦的。可是在全美消费者投票中,却有一半的人选择了蓝色作为巧克力豆最理想的颜色——这可是得票最高的颜色。

为什么同样是蓝色,人们就会认为药片是苦的,而巧克力豆是甜的呢?人真是好奇怪,或许这就是为什么心理学家都很忙碌的原因吧。

◎改变包装,让病人更爱服药

虽然医生和药剂师是医疗方面的权威,但这并不意味着病人会咽下他们认为最苦的药片。所以,如果病人拒绝服药,仅仅可能是因为不喜欢药片的颜色,那么药厂把药片变得好看一些也未尝不可。当然,如果能把外包装换得更好看一些,那就更好了。

很多制药厂在这一点上就很聪明。举例来说,针对小儿患者,这些药厂往往会提供浅黄、橘黄、淡绿、玫瑰红等多种颜色艳丽的制剂供儿童服用。有些药厂甚至在电视上公然捕获人们的感官,通过高密度的广告轰炸,让某些广告词成了小朋友们的口头禅。

39. 一定要睡足7小时吗

> 我们的身体不是计算机，可以随时开关机。无论你如何压榨或透支生命，一生中的大部分时光仍将花在呼呼大睡上，一个人如果连续五天不睡就可能危及生命。从这个意义上讲，睡眠甚至可以被称为人生中的头等大事。但是一定要睡足7小时吗？

◎ 你所不知的睡眠

"人为什么要睡眠，人为什么不能像计算机或机器人，随时开机保持高效工作？"想必很多白领和工作狂都念叨过这样的问题。事实上，对人而言，谁也无法完全表述清楚睡眠到底有多重要。正如你所知道的，几乎所有动物都要睡眠，不睡甚至有致命之虞。

大多研究认为，睡眠是一种有益于大脑的重要行为，是维持高度生理功能的适应行为，是生物保持良好防御技术所必需的状态。就是说，充足的睡眠是为了让睡醒后的大脑更加高效，否则次日就会电力不足，显得毫无精神。

在科学家对人类需要睡眠的解释中，认可度最高、最经典的便是生物钟理论，即在24小时内，生理机制决定了人体在生活上呈现周期性的活动，从睡眠、进食到工作、排泄等，都要有一定的顺序。比如，通常睡眠的时间表往往是晚上11点至清晨4点。

除此之外，另一种被科学家广泛认可的睡眠理论叫作恢复论与保养论，

该理论对女性格外受用,恢复论包括生理与心理两个方面。前者是指睡眠能补回白天工作生活的精力消耗,就像人必须吃饭、喝水一样;后者是指睡眠能帮助完成清醒时还未结束的心理活动,如信息的处理,等等。保养论则是恢复论的补充。睡眠犹如按下了计算机的休眠键,能避免身体过度疲劳,从而更好地保存精力,维持身心健康。

当一个人处于睡眠状态时,身体会进行一系列维持人体正常生理活动所必需的重要新陈代谢活动,比如蛋白质合成、细胞分裂和生长激素分泌等,这样脑细胞才能得以修整,精力才能得以充分恢复。

◎ **失眠是怎么回事**

说到睡眠,就不得不提失眠。关于失眠,世界卫生组织是这样定义的:入睡困难、睡眠表浅或早醒、睡眠后没有恢复感。如果每周至少3次并持续至少1个月出现这种症状,并导致明显的不适或影响日常生活,就可以断定为失眠。

医学专家研究发现,近一半的失眠与精神因素有关。环境、工作、身体因素或心理压力大、生活琐事往往都是良好睡眠的拦路虎。此外,房间有噪声、过于明亮、室内空气太干燥都将影响人的睡眠质量。

◎ **失眠潜伏的危机**

现如今,睡眠障碍变得如此普遍,无不是人们在现代生活方式中自讨苦吃的一种。在信息和娱乐越来越发达、诱惑越来越多的时代,城市的夜晚犹如白昼,直到凌晨才上床睡觉已经成为很多人的一种习惯。于是,我们常常会看到不少人要到凌晨一两点,甚至是更晚,才能睡着,早上醒来虽然看上去也精力充沛,但节奏却比常人落后许多。

从医学上讲,这是睡眠时相推迟综合征的表现,主要特征是入睡和醒来时间比期望的要晚;虽说入睡时并无太大困难,睡眠时间的长度也与正常人几乎相同,但就是不能在自己期望的时间醒来。

对于职场女性,发生睡眠障碍的情况就更为常见了。医学研究者甚至发出如此感叹:"女性可能是地球上睡眠被剥夺最多的生物。"至于她们发生睡眠障碍的原因也更为复杂，其中最明显的当数，女性睡眠质量的好坏会受到月经、怀孕、分娩和激素分泌变化的影响，在其处于不同的生理阶段，睡眠障碍的发生率就会更高。

另外，医学研究者还指出，女性比男性进入和保持深睡眠的难度要几乎高一倍，这意味着，女性平均每天睡眠时间至少比男性多15分钟，这样才能满足其次日的脑力和体力需求。

◎ **究竟要睡多久**

一般而言，大部分人需要的睡眠时间为每天七八个小时，平均在7.5个小时左右。芬兰国家健康与福利研究所对睡眠障碍和失眠的研究显示，那些每晚保证7~8小时睡眠的人在认知能力测试中的得分最高，而每晚睡眠超过9小时或只有6小时的人，其得分却较低。如此看来，睡得太多和睡得过少都不是什么好事。

不过，这也并不意味着所有人都得睡足7小时，事实上，睡眠从来都是因人而异的。至于一个人到底要睡多久才算合适，科学家也不能做出确切而统一的回答。所以说，你是做早起的公鸡还是夜猫子，不能一概而论，很可能决定于每个人的生物钟。所以想要睡得好，需要把握和调整自己的睡眠周期，因为没有别人比你更清楚自己在这方面的状况。

◎ **找回缺失的睡眠**

曾有人总结出睡眠的九大恶习，分别是睡前生气、剧烈运动、过度思虑、饱餐饮茶、强迫入睡、习惯赖床、被子蒙头、张口呼吸、对着风睡。如果你正好有这些恶习，那就需要认真读读下面两点注意事项，从现在起，下决心与这些恶习说再见，培养合理健康的睡眠习惯。

首先，你需要熟知习惯的强大力量。习惯是人在后天环境中习得的一种条件反射与对环境的适应。换句话说，如果一个人不带明确目的去做一件事，而非刻意地思考与盘算时，习惯就已养成。伦敦大学的菲利帕·兰利教授在《欧洲社会心理学杂志》中曾发表报告称："我们发现对大多数人而言，在经过66天的坚持之后就会养成一种习惯。"当然，这一结论完全适用

于睡眠！不过，在开始培养某种习惯时，计划非常重要，即使是在行动前几分钟才去制订计划也是有百利无一害。所以，从今天开始，就有针对性地改变之前的不良习惯，并将它坚持下去。如果你喜欢熬夜，那就争取在晚上10点开始洗漱，10点半前准时上床，11点前入睡；如果你有躺在床上思考的习惯，那就开始每晚做一个清空大脑的练习。为了睡眠这一件健康大事，请将这一计划坚持66天，从此踏上优质睡眠的回归之路。

其次，分床而睡。这一说法绝非为了拆夫妻恩爱的台，研究表明，同床共枕的夫妻要比分床睡的夫妻所遭到的睡眠干扰多一半。的确，当松软大床的另一边躺着你的伴侣时，双方的睡眠质量往往都会受到影响，翻身、打鼾、磨牙等行为都会干扰另一半的睡眠。当然，如果两个人的睡眠质量都不错，那就大可不必把这个研究结果放在心上。但如果其中一人已经睡眠质量较差，为了健康着想，那就应该考虑分床而睡，不应一味忍耐。

40. 为什么"更多"反而是"更少"

> 为什么我们永远作不出完美的选择?为什么说在存在无限选择的年代,适合你的才是最好的?

◎ 头晕目眩的选择

现实生活中,不管做什么事情,可供参考的意见太多,可供选择的余地太大,反而并不是什么好事,常常会使我们根本不知道该如何选择。

K先生的妹妹和妹夫购买了一套毛坯房,从此他感觉自己与这对夫妇再也无法正常交谈了。两个月来,K先生发现妹妹的所有话题都离不开卫生间的地砖,从陶瓷、花岗岩、大理石到金属、人造石、木材、玻璃和胶合板,可供选择的材质简直是五花八门。K先生还从未见过妹妹这样痛苦过。

"选择范围实在太大了。"K先生的妹妹说道,接着她双手抱头,又埋首于她随身携带的地砖花色目录中了。

K先生是个喜欢琢磨和研究事情的人,他做过一个统计调查,结果发现,他家附近的食品店里有24种酸奶、33种红葡萄酒、14种清洁剂。在网络书店亚马逊上,供应着数百万种图书。不仅如此,今天的人类有数千种职业、500多种心理疾病、5000多个度假目的地,可供选择的种类之多简直是前所未有,自然是看得头晕目眩。

◎为什么选择越多，我们反而无所适从

然而，选择多却是个进步的标尺。有所选择是将我们与计划经济和石器时代区分开的东西，有所选择令人幸福。但这也有一个"度"，过多的选择反倒会降低生活质量，专业术语称之为选择的悖论。

美国心理学家巴里·施瓦茨在其著作《不满指南》中说明了为什么会这样。原因有三：

第一，选择范围太大会导致人们无所适从。为此，他做了一个试验，在一家超市摆出24种果子酱，顾客可以随意品尝并打折购买这些产品。试验第二天，超市只摆出6种。结果，第二天卖出的果子酱要比第一天多10倍。这是为什么呢？因为当商品品种很多时，顾客根本无法作出决定，于是就干脆什么也不买。使用不同的商品重复进行这一试验，结果同样如此。

第二，选择范围太大会导致作出更差的决定。如果你去问年轻人，他们选择生活伴侣的标准是什么，他们会列出所有令人尊敬的特性：智慧、善良、风趣、好身材和善于沟通和交流。可是，他们在选择时果真考虑了这些标准吗？

从前，在一座不大不小的村庄里，年轻小伙子约有20个潜在的同龄女性可供选择。在这些女性中，大多数是他上学时就认识的，因此也很了解。而今天，在网络约会的时代，他有数百万名潜在的女性伴侣可供选择。当他面对如此多的选择，男性的大脑干脆就将各种复杂情况浓缩成一个唯一的标准——好身材。

第三，选择范围太大会导致不满。你如何能够保证从200个选项中做出完美的选择？答案是：你不能。因为选择越多，你在选择后就越没有把握，因而也就越不满。

◎适合的才是最好的

总之，你要明白，你永远做不出完美的选择，而且也无法做出在事后看来无懈可击的选择，因为事情的发展永远有无数种可能性。既然如此，

Part3 选择背后的秘密

何不满足于一个适合你的"好答案"呢？在存在无限选择的年代，适合你的才是最好的。

另外，在面对矛盾选择时，我们要依据一个统一的标准，或者一个最高的价值取向或指导原则，这样进行选择时才不会因为受到过多影响而不知所措。否则，可参考的意见越多，我们越会失去主张。

41. 剧透竟然会让故事更精彩

对于各种电影电视剧的粉丝来说,剧透都是一件恼人的事儿。和朋友一块儿吃饭,却发现他们在讨论最新一集自己还没来得及看的电视剧情,是捂住耳朵还是起身离席?实际上都不必。

◎ 其实你喜欢被剧透

美国心理学最新研究发现,提前知道剧情的发展并不会毁掉当事人看电影或者电视剧的体验。加州大学圣迭戈分校的克里斯滕菲尔德和里维特通过实验研究发现,剧透并不会毁掉一部剧。就算是魔幻和悬疑类故事,提前知道剧情反而会提高观看的感受,这和人们的预期大大相反。

克里斯滕菲尔德和里维特进行了3个实验,按照悬疑、魔幻和文学三大类选择了12个小故事,又将每个小故事稍动手脚变为三个版本:原版(无剧透)、文前剧透版(在故事前面添加一段剧情简介,透露了故事情节)和文中剧透版(在故事中间,安插同一段剧情简介,看起来像是故事原本的一部分),并且每个故事的每个版本都请30位没有读过这些故事的参与者阅读。

研究发现,文前剧透版的故事更受读者欢迎。提前知道恶人终将被绳之以法的情节并不会影响阅读魔幻故事的质量。此外,虽说文学研究类作品并不像其余两类受欢迎,但读者读起来,还是更喜欢剧透版。

◎其实情节对你的吸引力没那么大

为什么剧透实际上却更受欢迎呢？或许答案和研究无关，但非常简单：因为情节的重要性被高估了。克里斯滕菲尔德表示，人们往往以为是跌宕起伏的情节才让故事更有吸引力，但实际上情节如何发展并不重要，重要的是作品文字本身。情节只是作者写下去的理由之一，就像莫奈的作品中，《睡莲》不仅是表现睡莲，背后还有更深层次的意境。

剧透还能让欣赏故事变得更简单。心理研究发现，人们更乐于欣赏那些易于理解的事物。里维特认为这种说法有一定道理，一旦你知道故事情节将如何发展，便扫清了理解障碍，欣赏故事的过程会变得更加愉快，也能更好地从中感受到故事的深层意义。

其实，这项研究的发现与我们平时的生活体验并不矛盾：最喜爱的书看了一遍又一遍仍然爱不释手，观看一部新电影还不如把最爱的电影重温一遍来得精彩。

◎其实悬念的效果没那么好

对于人类来讲故事是极为重要的，人类的这一喜好催生了如今数十亿计的电影、电视产业，故事也是不同地区的人们传递社会观念的重要渠道。虽说如此，但它的重要性并不在于故事的悬念。

克里斯滕菲尔德和里维特认为，人们在其他方面对悬念的认识可能也是错误的。也许，生日礼物还是用透明纸包装好；求婚戒指也没必要藏在女友的蛋糕里。悬念到底有没有用尚不清楚，其实只要是真心，姑娘基本上也会点头的。

42. 广告为何找美女代言

为什么形形色色的广告总是要俊男美女出场？这些无处不在的美女真的能卖掉产品吗？

◎美女真的能卖掉东西

在广告中，向我们推销商品的往往是些俊男美女。我们很容易理解为什么有些产品要用美女帅哥做广告，比如漂亮美女笑得阳光灿烂，露出整齐闪闪发光的白牙，娓娓叙述着某品牌牙膏如何地好，或者英俊帅哥略有几分陶醉地摸摸棱角分明的下巴，表示××剃须刀多么好用，这些广告不就是想告诉消费者用了这些产品就能变成美女帅哥那样吗？

可是，为什么相机、电视，尤其是汽车也要俊男美女出场呢？这些产品和女人好像没什么关系，旁边的美女真的能促进产品的销售吗？这些无处不在的美女真的能卖掉东西吗？

◎美女就是巴甫洛夫的小铃铛

只要见到某样东西，就能影响我们看待周围世界的方式。看到漂亮美女会引发人们联想到"好"，进而泛化到人们对其他事物的评价。消费者看到美女后再去购物，对产品的评价往往要高于没看过美女的消费者。所以摆上一张美女图，无论摆在哪儿，只要能让消费者看到，就有机会提高产品的销量。

说起来,美女对消费者的作用有点像巴甫洛夫在狗身上发现的经典条件反射现象:每当狗闻到肉味时就会分泌唾液,如果主人在给它肉的同时配以铃声,并且持续这么做的话,狗会一听到铃声就开始分泌唾液。

所以,如果美女和相机总是一起出现,次数多了消费者看到相机就会联想到"美丽""好"等种种积极评价。如果消费者看到相机广告的次数足够多,当他下次看到这款相机时,就会不由自主地想到"美""有吸引力"这些原本用以形容美女的概念。

不过,美女的美丽和吸引力不会延伸到其他品牌的相机,仅适用于和她反复配对呈现的产品。也就是说,当消费者看到其他品牌的相机时很可能会想到其他人,并且把我们所认识的这个人的特点迁移到这款相机身上。

◎美女广告效果因人而异

对于那些确实有可能使人变漂亮的产品,美女广告又是如何影响消费者的呢?事实上,这与消费者本身的特质有关。

我们可以把消费者划分为两类:一类消费者认为自己的个人特质非常稳定,几乎永远不会改变;另一类消费者则认为他们通过努力工作,或者使用合适的产品,能改变自己,让一切皆有可能。这两类消费者对用美女做广告的美容产品的态度有很大不同。

让我们以洗发水广告为例,当广告中有美女时,第二类消费者会更加喜欢这种品牌的洗发水。对她而言,广告中的美女是个活生生的成功先例,她很想尝试使用这种洗发水,希望能变得跟广告中的模特一样。

但是对于第一类消费者,广告中的美女并不会增加他们对该品牌洗发水的喜爱程度。他们的选择丝毫不会受美女的影响,他们知道自己的头发不可能变得像模特那么好看,甚至会因此更不喜欢这种洗发水。

43. 因为贵，所以好吗

> 很多人往往会有这样的认识：商品的价格会随着价值的增加而提高，价格越贵，质量就越好，价值就越高。所以，当人们购物时，会不由自主地想买质量好、价值高的商品，这就自然地运用了"昂贵等于优质"这种思维定式去判断商品的价值。事实真的是这样吗？

◎野蛮的逻辑

研究人员曾做过这样一个实验：他们找来10个人（非品酒专家），请他们去品尝5种红酒，品尝完后并让他们对红酒做出评价。品尝之前，研究人员将这些红酒分别贴上不同的价位：50元、80元、100元、120元、150元。品尝完之后，价格高的红酒更受人们的欢迎。

实际上，在这个实验中，150元的红酒出现了两次，一次标价150元，一次标价80元；120元的红酒也出现了两次，一次标价120元，一次标价80元。可是这10个人都没有能够品尝出来，大家都认为标价高的最好喝。

我们对药物疗效的评价也经常这样。比如，有两种中性药物，它们不会起到止痛效果。研究者告知服用第一种药剂的病人这是刚上市的新药，对缓解疼痛有很好的效果，价格是每盒60元。有87%的人说自己的疼痛得到了明显缓解。研究者又告知服用第二种药剂的病人这是缓解疼痛的药，价格是每盒10元,结果只有50%的人说疼痛有所缓解。

日常生活中,很多人在购物时有个习惯,总喜欢买同类商品中价位最高的,在他们看来,价格越贵的东西质量就越好。

◎ "价格贵=东西好"

许多研究表明,人们在对物品的质量拿捏不准时,经常会使用这一范式。价格本身成了质量的评判标准。俗话说,"一分价钱一分货",因此,人们不经意地就把这条规则提炼成了"价格贵=东西好"。

一般而言,这一公式向来是管用的,因为物品价值高,价格也会涨;较高的价格通常反映了较好的质量。当人们进行消费行为时,发现自己想要质量好的物品,但对物品没有太多了解的情况下,便很自然地用上了价格这一准绳。

事实上,模式化的自动行为在大部分人类活动中相当普遍,因为我们没有足够的时间、精力和能力,将每天遇到的每一个人、每一件事相关的方方面面都辨识出来,分析出来。因此,我们会频繁地利用我们的范式或首选经验,根据少数关键特征把事情分类,日后一旦碰到这样或那样的触发特征,就会不假思索地做出反应。

有些时候,它是一种有效的行为方式。但是,有些时候人的行为并不适合所处的情境,因为即便是最准确的范式和触发特征也不可能每次都管用。因此,在我们消费时,一定要理性消费,不要被商品的价格给忽悠了。贵的不一定是质量最好的,便宜的也不一定是质量差的,关键是适合自己。

44. 为什么减肥总是从明天开始

> 在超市采购时，当琳琅满目的零食映入眼帘的那一刻，你是否会不由自主地从购物架上拿下一些，还是长远考虑，买些蔬菜水果健康食品？

◎谁在搞鬼

宾夕法尼亚大学的凯瑟琳·米尔科曼教授通过网络调查发现，在人们为当下选择食物时，往往更倾向于选择自己喜欢吃的食物，不会过多考虑健康因素，而在选择以后吃的食物时，则更倾向为健康食品。类似的还有人们看电影时往往会先看有趣的，而那些深刻的则沉没在硬盘里。

研究者又开始调查一家网上超市，网站中共有117种食物（比如饼干、奶油、冷冻蔬菜等），他们将食物随机分为4组，每组约30种，随后研究者招募"美食评定家"完成一个7分制里克特量表（对食物从喜欢到不喜欢进行打分的量表），表达自己对任意一组列表中每一款食物的喜爱程度，以及对其营养价值的评定。

为了确保对食物营养价值的评定更为客观，研究者还请了专家对其进行评估。最后，研究者统计了该网站在一年当中顾客购买的食物，以及他们选择配送的时间（第二天发货或几天后发货）。

研究发现，如果顾客配送的时间在未来，其选购的食物中那些健康营养的食物所占比重较大；反之，如果顾客配送的时间就在近期，在订单中那些美味却不怎么健康的食物则占主要地位。仅仅只是时间上的差异，人们选择的食物却大不相同，这是心中的享乐小人与计划小人在搞鬼。

◎享乐小人与计划小人的斗争

在每个人的心里都住着一个冲动感性的享乐小人和一个理性深邃的计划小人，并且这两个小人时时刻刻都在进行着斗争。

耶鲁大学的乌兹玛·卡恩教授指出，当人们需要对当下作出决策时，享乐小人会打败计划小人，这时人们会倾向做自己喜欢做的事情。而当人们需要为较远的未来作出决策时，这时人们会倾向于选择自己应该做的事，享乐小人则会败下阵来。

这是由于即时选择提供的认知资源不足，让人只是跟着感觉走，选择那些让自己感到快乐舒服的事情。当人要计划未来时，有了充分的时间，让人更周详地考虑问题，那么作出的决定便会更理性一些。

不妨想想自己的拖延症，安排眼前时间时，我们总是不由自主地刷微博、聊QQ、看美剧，原因很简单，因为我们喜欢这么做。不过我们总会将未来的自己想象得犹如脱胎换骨一般：我要好好运动，合理安排时间，摆脱拖延症！

◎提前一些，让决策更理智

就像米尔科曼教授在研究中发现的，当我们给未来选购食物时，健康程度会大大得到提升。如果现在为一周后的自己订购一堆蔬菜水果这些健康食品，然后把其他垃圾食品扔掉，那么一周后便只能乖乖地吃蔬菜水果了。

既然我们总是将那些最健康、最理性的事情留在未来，何不从现在起，提前做好计划，不给未来的自己留下任何拖延机会，当"未来"成为"现在"时，便只能乖乖执行这些理性的决策了。

45. 人们为什么不出手相救

> 为什么人越多的地方发生意外事故时，出手相助的人会越少？为什么一遇到问题，很多人就会产生"这么多人在，即使我不帮忙，也会有别人帮忙"的想法？

◎ 这个世界怎么了

你是否在繁忙的街道上亲眼看见过车祸的场景，但是你却选择了冷漠地围观或者转身离开，并且心里还在想肯定有人报警或者叫救护车的，根本不需要我打电话。但是当你在偏僻的地方，周围没有其他人，而你也遇到同样的事情时，你的反应却不一样，你会立即打电话报警或者叫救护车。为什么会出现这种情况呢？

◎ 令人深思的实验

美国心理学家拉特耐和古利曾做过类似的实验：他们将参加实验的人（受验者）分别置于独立的密闭中，相互看不见，只能戴上耳机通过麦克风举行讨论会。讨论开始后不久，心理学家安排一个人假装哮喘发作，借此观察究竟有多少人会帮助发病者求救。

最终得到的数据表明：当只有一名受验者和一名装病的人开会时，在装病的人发病后的3分钟内，100%的受验者都会发出求救信号；当只有两名受验者和一名装病的人开会时，有60%的受验者会发出求救信号；当受验者增加到6人时,只有30％的人发出求救信号。这一结果说明了一个奇怪的现象,每当有别人在场时,人们总会想:"即使我不求救,也会有别人求救的。"在现实社会中,大多数处于困难的人得不到救助,很多情况下都是这种心理效应起作用的结果。

◎"林格曼效应"

按照通常的观点,突发事情时,如果旁观者越多,当事人就越能得到帮助,但是事实却并非如此。为此,心理学家安排了很多情境还原实验,并最终得出这样的结论:之所以没有人报警,是因为存在一种"责任扩散"现象。也就是说,在突发事件中的旁观者越多,人们心中的一种想法就越强烈:"有人会去帮助他,就不需要我去了吧。"

在地铁里或马路上见到有困难的老人,其实每个人心里都想去帮他们一把。可是,真正采取行动的人却很少。这是因为人一多,责任感就分散了,不由自主地产生"这么多人在,即使我不帮忙,也会有别人帮忙"的想法。这其实是一种依赖别人的想法。心理学上,这种现象被称为"林格曼效应"。

◎"冷眼旁观"的背后

不过,那些令人发指的冷漠者并不是真的冷血无情,实验中发现那些没有给他人提供帮助的人也并不轻松,他们大多感到焦虑和不适,甚至紧张、难过。但是,为什么即使难过,也不去主动向他人提供帮助呢?

原因就在于周围人。周围人越多,人越会淡化自己内心提供帮助的责任感,同时,连未提供帮助而形成的内疚、羞愧的感觉也随之一起淡化。所以,当周围人越多的时候,人们就越容易坦然地"冷眼旁观",既不伸手帮助,又不会感到羞愧。

这些事实尽管让人感到沮丧,却说明了人在危急状态下表现出冷漠无情、不愿提供帮助的真正原因。

46. 为什么你应该缩短上班路程

> 假设有一天你的电话响了，对方告诉你，你买的彩票中了100万欧元。你的感觉会怎样？你的这种感觉会持续多久？再换个情形：假设有一天你的电话响了，对方告诉你，你最好的朋友死了。你的感觉会怎样？你的这种感觉会持续多久？

◎ 中奖之后

一直以来，中头彩是很多人的梦想，试想一下，如果你中了100万欧元的彩票，这种意外发生的惊喜会让你幸福很多年吗？

哈佛心理学家丹·吉尔伯特对这些中奖者进行过详细的调查，结果发现这种幸福感平均3个月后就会烟消云散。当银行汇来大单的3个月后，中头彩的人的感觉往往与中奖前一样。

他是一家银行的经理，靠彩票中奖获得了巨额的收入。为此，他决定搬出城市，在苏黎世城外建座房屋。后来他终于拥有了一幢有10个房间、外带游泳池的别墅，还可以令人妒忌地眺望远处的湖泊和群山。

在头几个星期里，他喜形于色，但是没过多久，大概6个月后他的兴奋就不在了。究竟发生了什么事？"当我下班回到家里，推开门，再也感觉不到这是怎样一幢房子。我的感觉与我上大学时走进寝室的感觉没什么区别。"他这样解释道。

与此同时，现在这个可怜的家伙平均每天必须花50分钟的时间在上班的路上。研究证明，驾驶汽车的往返交通引起的不满最多，人们几乎无法适应。要知道，谁都不是天生喜欢来来往往，每天都受这份罪。

其他人的情况相比这种别墅带来的幸福感也没多到哪儿去。研究证明，事业上迈进了一步的人在平均3个月后的幸福感又会与先前一样。科学上称这一效应为享乐适应症：我们工作、升迁，给自己购买更多漂亮的东西，但我们不会变得更幸福。事实上，就连那些非要驾驶最新款保时捷的人也一样。

◎命运不好的人又会怎样

那么，命运不好的人又是怎样的呢？如果不幸遇到比如半身瘫痪或失去一位朋友这种情况，我们往往也会高估负面情绪的持续时间和强度。对于某些人，当一段恋情破裂了，就意味着世界崩溃了。

那些受尽折磨的人总是坚信，他们永远不会再感觉到哪怕一丝的幸福，但是大概3个月之后他们又会快活起来。假如我们能够准确地知道，一份新工作、一辆新车、一段新恋情会让我们变得幸福，是不是就好了呢？这样的话，当我们作决定时就可以更加明确，也不会不停地暗中摸索。没错，那样的确会变得好很多。

在这里，我们有一些建议，供大家参考：避免很长时间也不会习惯的负面效应，比如，噪声、往返交通、慢性疲累等；对物质上的东西只期待短期效果就好，比如房子、车子、奖金、中彩票等；做你最爱做的事情，哪怕为此付出部分收入；懂得为友谊投资。另外，你也要设法让自己得到尽可能多的自由时间和自主权。

47. 为什么你的决策很容易被他人干扰

> 在人体大脑中存在一种根深蒂固的思想——人人都渴望受到公正的待遇。出于对安全感的需要，出于怕自己落后的考虑……你的决策才会经常被他人干扰。

◎ 颇受质疑的埋单

回想一下，你和朋友最近一次吃饭的情景。大伙儿有说有笑，推杯换盏，大快朵颐。最终，吃完饭，如何分配账单这一紧张的时刻来了。你在心里盘算着每个人平均要付多少钱。不过到头来，大家无可避免地都会遇到小费不够付的情况，因为可能有一半人忘了给他们吃过的鸡肉付钱了。

为了避免不必要的麻烦，大多数人碰到这种情况时，会采取五五分账。但是经济学家却质疑这种埋单方式，在芝加哥大学工作的经济学家尤里·格尼茨发现，如果人们吃饭采用AA制，那么埋单花的钱会更多。

◎ 为什么你会比原计划多消费

经济学家格尼茨是这样解释的：比如，你和朋友出去吃饭，大家事先说好AA制。在此之前，你知道饭局里有个朋友花钱大手大脚，他待会儿点菜时肯定会点最贵的。通常情况下，如果你一个人吃饭，一个三明治就够了。但现在和你一起吃饭的家伙却点了40美元的龙虾，而你只点了12美元的三明治，这种时候，你难免会有一种上当受骗的感觉。或许，你对三明治的确是情有独钟,但是那位嘴里嚼着生猛海鲜,还不时发出"嘎吱"声的家伙却在时刻提醒你,待会儿你要和他平摊账单。

这个哑巴亏,你当然不愿意吃了,于是你抢在那个家伙前面点了一道龙虾。对于你的这一做法,你确信不是一时冲动,只是在保护自己的利益。既然吃完饭,每个人平摊账单都是20美元,而你相当于只花了20美元就吃到了价值40美元的龙虾。如果只有你打了这个算盘,那么这顿饭你肯定吃得既实惠又美味。但是,餐桌上不止你有这个想法,其他人和你一样,也想犒劳自己。这并不是说他们有多么喜欢吃龙虾,只是他们想抢在你和其他人前面点比较贵的菜而已。别忘了,每个人都想犒劳自己,于是所有人都点了龙虾。

结果呢?埋单的时候,大家反倒比原先计划的消费多了一倍。如果采取AA制的埋单方式,原本每个人只要出20美元,可是现在却变成了40美元。虽说采取了AA制的埋单方式,大家的口味并没有变,但是你对付账的方式却产生了怀疑。和你一起吃饭的朋友也想用最少的钱就吃上一顿大餐,你当然不愿自己吃亏。人同此心,于是,大家都点了昂贵的菜。

◎冲动的点餐

一般来说,小心谨慎的人是绝对不会点昂贵龙虾的,他们遇到问题首先会把安全放在第一位,这些都是冲动的人才会干的事。那么,小心谨慎的人什么时候才会投资呢?只有当他们认为"如果不投资,就会构成更大的风险"的时候,才会愿意冒这个险。此时不搏,更待何时,对于小心谨慎的人而言,只有在危急时刻来临时,才会放手一搏。

很多人都有过类似的经历,想花最少的钱吃上美味的大餐,显然这属于情境型冲动的典型事例。当人们看到朋友点了龙虾时,他们的参照点就会立刻发生改变。于是,眼前情况不再是吃一顿美味大餐那么简单,而是产生了一种"担心自己会损失更多利益"的心理。其实人们并非想超越别人,只是出于对安全感的需要,出于怕自己落后的考虑,才如此为之。

◎最后通牒博弈

那么,AA制聚餐中点昂贵龙虾又是怎样在大众之间传开的呢?对此,美国普林斯顿大学的一个心理学家研究小组通过研究一个经典的实验——最后通牒博弈,最终发现在人们的大脑中存在一种根深蒂固的思想,人人都渴望受到公正的待遇。

这个博弈由两名参与者进行,一名提议者向另一名响应者提出一种分配资源的方案,如果响应者同意这个方案,则按照该方案进行资源分配;如果响应者不同意这个方案,两名参与者什么都得不到。按照理性人假设[1],只要提议者将少量资源分配给响应者,响应者就应该同意,因为这比什么都得不到要好。然而,实际进行的实验表明只有提议者给响应者分配了足够的资源时,这个方案才能通过。比如说,两人分一笔总量固定的钱,假设是100元。方法是:一人提出方案,另一人表决。如果表决的人同意,那么就按此方案来分;如果表决的人不同意,那么两个人都将一无所得。

在最后通牒博弈中,有些人倾向于分给自己更多的资源。可是,第二个人显然不会接受这种分配方案。即便第二个人知道如果自己拒绝该方案的话,两人都会一无所获,仍然会拒绝不公平的分配。这个选择貌似不符合逻辑,却合乎人情。不管这个决策是不是巨大的失误,第二个人仍会拒绝这个不公平的交易。在心理层面上,他宁愿一无所获,也绝不让第一个家伙占到半点儿便宜。

不过,最后通牒博弈结果发现,大多数人都不会占尽先机,他们倾向于和第二个人五五分账。但是也有极少数投机者想赢得更多的钱,结果遭到对方的拒绝,两个人都一无所获。

---

[1] "理性人"假设(hypothesis of rational man)是指作为经济决策的主体都是充满理智的,既不会感情用事,也不会盲从,而是精于判断和计算,其行为是理性的。

48．为什么关掉电视或者断开网络对我们很难

> 为什么对很多人来说，关掉电视或者断开互联网会很难呢？但是，当我们置身于眼花缭乱的信息技术世界时，我们又可能不再希望继续有更多的内容、更多的便利或者更多的频道出现。

◎我们总是渴望得到更多

我们总是渴望得到更多的媒体刺激，这一嗜好在上学前，甚至是更早的时候就已经开始了。在媒体饱和的西方社会，无知年幼的孩子们经常会得到来自视听方面的种种刺激。看看那些早期幼儿教育，无不遭遇这样一些挑战：它们越来越需要与复杂的在线资料相竞争，以争夺孩子的关注和兴趣。

当然，不仅仅是孩子会这样。为什么对很多人来说，关掉电视或者断开互联网会很难呢？这是因为媒体刺激简单的娱乐性让我们渴望得到更多。

◎我们为什么会上瘾

尽管有些人打开电视只是为了看他们期待已久的那期节目，看过之后，就把电视关掉，然而，还是有很多人会一直开着电视，甚至是房间里的多个数码产品。看得出，他们渴望得到更多的娱乐，但是，如果这一点不加以控制的话，很可能就会上瘾。不过，就媒体来说，可以让人上瘾的通常是声音和动作给人带来的愉悦或安全感，而不仅仅是节目内容本身。

同样，我们也会有对移动电话上瘾的危险，当然，对于带有高科技光环

的手机来说,"电话"这个词俨然已经很不恰当了。自从有了手机这个"小怪物",我们可以用它来上网(这与发短信或是语音通话一样快捷方便),还可以用它来照相、卫星导航。

总之,一旦你的手中有了这个充满活力的小东西,你就可以无止境地远离等待公共汽车的乏味,躲避父母(或子女)的唠叨,甚至是一个无聊透顶的约会,得意扬扬地说一句:"对不起,我要看一下信息。"

一项来自英国《每日邮报》的调查研究显示,平均每隔6.5分钟人们就会看一眼手机,如果按普通人每天清醒时间为16个小时计算的话,那么人们一天要看150次手机。该项调查还指出,即使有些人的手机功能并不是那么先进,他们也会频繁地查看手机。事实上,通过手机来得到更多刺激的欲望正日益改变着我们的生活方式。

◎我们更想这样活

然而,当我们置身于未来眼花缭乱的信息技术世界中,当越来越多的数据在我们周围大量涌现,我们可能不再希望继续有更多的内容、更多的便利或者更多的频道出现。我们的欲望也许只是人与人之间在一起的时间能更长一些,或者周围环境能更安静一些。于是,我们很可能会看到这样的场景:年轻人将音乐塞进他们的播放器,以此来减弱外在声音的干扰,或是减少自己的尴尬。

Part4 吃的真相
○ 做个有技术含量的美食家 ○

可乐真的会杀死精子？止咳药含有兴奋剂？解酒药会让人千杯不醉？我们的生活中总会流传一些关于健康的常识。这些说法到底有没有科学依据？哪些是商家搞出来的噱头，哪些又是在口口相传中变形，渐渐变成了谣言？

49. 为什么我们总是管不住这张嘴

> 生活中，吃是一大享受，但是当我们从吃喝中享受到那份快感时，健康问题却日趋严重。究竟是什么让我们总是管不住这张嘴呢？

◎一个严重的健康问题

现如今，我们正面临着这样一个严重的健康问题，那就是肥胖人群日趋增多。人体一旦肥胖就会增加患上心脏病、II型糖尿病和骨关节炎的风险，最终给健康带来严重的危害。众所周知，肥胖是由许多因素导致的：我们的饮食结构（过量摄入高热量的垃圾食品），缺乏足够的运动，花太长时间坐在沙发上看电视，或者是缩成一团坐在计算机前。

在这些导致肥胖的因素中，一个重要因素就是我们吃得太多，我们的饭量太大。为什么会这样呢？原因很简单：生活中，吃是一大享受，每当我们吃东西的时候，我们就想获得更多的这种满足感。

◎递减补偿定律

但是常识和亲身经历又告诉我们，在这里边还有一个递减补偿定律，也就是说，当我们从吃喝中享受到那份快感时，吃得越多，快感增加得就越少。比如说，当我们喝完第一杯咖啡时，不免会感觉很棒，于是我们决定再来一杯。但是，十之八九，这第二杯绝对不会和第一杯一样美味。尽管如

Part4 吃的真相

此，我们还是会在渴望得到更多的冲动下忽略这一点。

于是，我们变得毫无节制，这种情况下，势必会做得过火，有时也的确如此。一旦事态发展到了我们无法控制的地步，我们就"成瘾"了。虽说这种欲望不是一个病理性的问题，但还是会给我们带来诸多麻烦。

对于我们所有人来说，欲望是再熟悉不过了。正如你所知道的那样，一些食物也确实可以刺激我们的欲望。比如，对于我们之中的大多数人来说，巧克力、冰激凌、可乐以及酒都是难以抗拒的。汉堡、炸鸡和比萨因其独特的口感、食用简便以及相对便宜的特点，也已成为快餐产业中的主角，因为它们很容易刺激人们"得到更多的欲望"。

"安慰食品"这一术语已经为许多学者默认，它确认了食品和饮料通常被用作补偿压力、失望、孤独和焦虑。

◎是什么让我们放纵食欲

除此之外，伴随着生存环境的诸多变化，我们会越发觉得生活环境的不稳定，而且我们的社区和家庭也会越来越支离破碎，于是，我们就越有可能放纵我们的食欲，结果我们会喝更多的酒、喝更多的可乐、吃更多的汉堡。总之，我们会消费更多使我们当下感觉不错的东西。毫无疑问，这些对我们的健康和幸福是没有益处的，但是由于我们想要得到更多的欲望太过强大，以至于它足以让我们忘掉这个问题。

50. 真的需要功能饮料吗

现如今，各种功能类型的饮料成为人们每日的必需饮品。可是，在琳琅满目的功能饮料里，很多人往往很困惑：我是否真需要喝，应该怎么喝？

◎功能饮料并不玄妙

人们之所以喜爱功能饮料，其实是看中了"功能"二字。无论胖瘦、困累、运动、出汗，你都能在超市货架上找到适合你的一款功能饮料。通俗地说，功能饮料就是向普通饮料里加入一定的功能因子，使其具有调节人体机能、增强免疫力等保健作用，如此便升级成了功能饮料，并不玄乎其玄。

目前，在功能饮料中添加的功能因子大多是咖啡因、牛磺酸、肌醇、维生素及中草药活性成分等，喝着口感不错，还能缓解疲劳、提高人的注意力等。

在《2009-2012年中国功能饮料市场投资分析及前景预测报告》中这样写道："随着人们健康意识的增强，人们逐渐开始选择健康的食品、饮品……茶饮料、果汁饮料和功能饮料开始受到人们的青睐。与世界发达国家相比，中国功能饮料的人均消费量每年仅为0.5公斤，距离全世界人均7公斤的消费量尚有较大空间，因此中国的功能饮料市场潜力巨大。"

截至2007年，全球已经有500余种功能饮料。不仅如此，这些饮料还衍生出如多糖饮料、维生素及矿物质饮料、运动饮料及低热量、益生饮品等品种。从2008年12月起，我国强制性国家标准《饮料通则》宣布实施，废除了"功能饮料"的说法，代之以"特殊用途饮料类"，即通过调整饮料中的营养素成分和含量，或加入具有特定功能成分的适应某些特殊人群需要的饮料制品。

按照国际饮料行业协会规定，功能饮料是指具有保健作用的软饮料，只是针对特定人群或者特定场合。如果某款饮料具有特定功能，就说明其已升级为保健食品行列。因此，在真正的功能饮料外的包装上，必然有"保健食品"字样和卫生部批准的"卫食健字"批号。然而，眼下市场上的多数功能饮料，其实并不是严格意义上的功能饮料。只是拥有时尚外形、动感宣传语而已。

◎功能饮料有无必要喝

现如今，很多市场上的功能饮料宣称能缓解疲乏，可以让人更精神，其实多是靠咖啡因的作用。这种物质能提供短程的大脑兴奋，激发身体潜能，产生抗疲劳功效。但是长远来看，困累的最佳选择应该是休息放松。如果一味地借助功能饮料，只会更加依赖这种饮料，甚至引起恶心腹泻、精神焦虑和失眠。

然而，评判一款饮料是否具有功能、功能强弱，是要靠实验数据说话的。比利时根特大学医院的医生通过回顾近十年相关研究发现，功能饮料（主要指某品牌能量型饮料）能显著提高人体注意力和反应速度，而且记忆力也有不同程度的提高，但这些功效其实多为咖啡因在起作用。就是说，人体从困顿中勃发，精力更集中，不再瞌睡，咖啡因所起的作用无疑是显著的。

不过，有的研究对人在困了、累了的时候，是否真需要喝功能饮料也表示质疑。美国底特律亨利福特医院的研究者曾发现，咖啡因和牛磺酸的水平过高会增加人体血压和心率，影响心脏功能。不仅如此，美国韦恩州立大学研究者也对功能饮料进行了测试。研究者挑选15名健康成人，安排他们在连续7天里每天喝2听功能饮料。结果发现，功能饮料可以使他们血压升高

10mmHg，心率每分钟增加5次。这意味着这种饮料可能并不适合原本有高血压或心脏节律不齐的人。因此，功能饮料并非人人适合。至于糖尿病、高血压和肥胖人群，是否选择功能饮料，也得思量一番。此外，老人、儿童及对咖啡因过敏的人也不适合饮用。

◎并不"高明"的功能饮料

其实，功能饮料的功能因子顶多是人体获取营养的辅助途径，不能替代正常饮食，也不能替代最普通不过的水。功能饮料虽被附加抗氧化、抗疲劳、年轻态等辞藻，却不能当作药物来用。

以眼下正红的维生素C水溶饮料为例，这种饮品虽然是功能饮料的新贵，也备受白领追捧，但是这种饮料并不"高明"。一瓶维生素C水溶饮料含有100mg维生素C，但维生素C本身易溶解于水，所以，相比4元多的价格还不如就着白开水吃一片维生素C来得更实惠一些。

另外，由于这类产品清新的柠檬酸口味受人喜爱，常常不知不觉每天多喝几瓶。令人担忧的是，人体每天维生素C的需要量仅为100mg，过多摄入的话，不仅不会被人体所吸收，还会导致尿液维生素C阳性，有尿路结石之虞。

此外，虽说这类产品中的某些物质对人体有一定作用，但是并不意味着装入饮料瓶后依然有效。比如，尽管B族维生素对人体代谢十分重要，但是溶解于水后如果长时间存放，特别是被日光长时间照晒，性质将不稳定，容易被破坏。

那么，我们到底该喝些什么呢？美国营养学家曾制定过一份"健康饮料指南"，其中提到最理想的饮品是最平常不过的水，其次是茶、咖啡、低脂或脱脂牛奶、无热量的甜饮料，最后才是含热量的甜饮料。如此说来，如何选择一款饮品，我们应该了然于胸了。

Part4 吃的真相

51. 为什么咖啡总是让人难以割舍

"为什么咖啡总是让人难以割舍？""见鬼，为什么咖啡因就这么好？"咖啡之于身体，难道真的如同神意之于灵魂吗？

◎咖啡的吸引力

在世界范围内，茶是除了水之外最常用的饮料，紧随其后的就是咖啡。在美国，每人每年平均要喝455升的水、茶和咖啡。美国脱口秀主持人、喜剧演员、电视节目制作人大卫·莱特曼就曾说过："如果不是咖啡，我压根儿就清醒不了。"实际上，从作家到音乐家、哲学家、科学家，无不把咖啡尊为刺激灵感的必需品。

创作于1734年至1735年间的《咖啡康塔塔》，就记录了这样一段咖啡情缘。在巴赫时代，德国各城市盛行喝咖啡，然而由于咖啡的价格比较昂贵，普通市民往往会限制自家的青年人对咖啡的嗜好。德国作曲家、管风琴家J.S.巴赫就以这一社会为背景，写成了《咖啡康塔塔》。在《咖啡康塔塔》中，巴赫这样写道："啊！咖啡尝起来是多么美啊！比一千个吻还要可爱，比麝香葡萄酒还甜蜜得多！"

200年后，咖啡的吸引力更是有增无减。丹麦女作家卡伦·布里克森以艾萨克·丹森为名写了一部书，并改编成电影《走出非洲》，她写道："咖啡……之于身体如同神意之于灵魂。"

◎享受快乐的咖啡时光

几个世纪以来，人们对咖啡的鉴赏可是有根有据的。咖啡因对每一种动物几乎都有强大的作用。以老鼠为例，虽然所有被实验的老鼠最终都能通过训练穿过迷宫，但总有一些学得比较快，而另一些则在穿越迷宫补习班里变得憔悴不已。不过，在这些被实验的老鼠中，有一点却是共同的，那就是如果给它们一点含咖啡因的提神酒，那么它们学会穿过迷宫的道理就会变得更快，也记得更牢。

不仅动物，人类也如此。以竞技自行车赛手为例，如果他们在赛前一小时摄入咖啡因的话，那么就可以多跑20%的路程。也许把高强度的训练和竞赛混为一谈着实有些疯狂，然而有些人还是会选择在赛前吃咖啡因栓剂，以此来享受一下忘却时间的快乐。

令人惊讶的是，虽然人们在不断地求证咖啡因的负面作用，但始终没有证据表明适度吸收咖啡因会给人类带来多么大的危险（当然偶然事故除外）。这么看来，咖啡因似乎对大多数人都是安全无害的，好像不会增加罹患心脏病、肺病、肾病，甚至是癌症的风险。

◎咖啡因是怎样发挥神奇作用的

那么，咖啡因又是怎样发挥其神奇作用的呢？我们都有过这样的体验：只要我们保持清醒，大脑就会努力工作。事实上，每一时刻，我们的感官都在吸收周围世界的信息：透过窗子的阳光会让我们亮得晃眼，单穿套头衫会让我们的皮肤觉得有点痒，老板因为你的某个报告迟迟未交而大喊大叫，等等，所有这些信息都通过一个叫作"神经元"的特殊细胞报告给大脑。

人体每处理一点微小的信息，都会有数百万的神经元在活动。不过，这里却存在一个问题——就像运行中的发动机会产生废气一样，当所有这些神经元活动的时候，也会导致细胞废物的严重堆积，这么说来，我们的细胞也需要小憩一下。而这些神经元排出的废物就是分子，其中就包括腺苷，当这个腺苷堆积到一定程度时，我们就会感到疲倦，实际上，这是身体在提醒我们该上床休息了。

再举一个例子。驾驶汽车时，我们都有过这样的体验：那就是努力保持头脑的清醒。然而，与此同时，想必在这种情况下很多人都能体会到当腺苷要我们停止工作时，迫使我们睡觉的那种无情压力。事实上，腺苷本身并不会产生睡意，它只不过是一个信使，知道什么时候该告诉周围细胞得停下来了。

◎是什么让我们变得精神抖擞

然而，当人体摄入咖啡因时，就阻挡了这种要求睡觉的信息的传递。这又是怎么一回事呢？下面就简单地说一下其中的作用机理。

人体的大脑细胞通过传送像腺苷一样的化学信息互通信息，而信息分子则通过其他细胞上一个叫作受体（receptor）的特殊听众进行合作，于是腺苷及其受体精巧地连接起来，这就好比一把小钥匙只能打开一把匹配的小锁一样。概括地说，当细胞释放腺苷时，就会充满附近细胞上的腺苷受体，最终向人体传递出要睡觉的信息。

由于一天之中，腺苷会被制造出许许多多，于是就会有许许多多的受体被充满。不管这样的刺激有多么强烈，我们的大脑细胞都会变得越来越迟缓，这就意味着我们累了。直到我们一头倒在床上，体内的腺苷被"值夜班"的一一清扫掉，我们才会感觉好些。

现在假设就算我们早已累得疲惫不堪，但是依然不能立马享受爬上床的奢侈，而是只喝一点浓咖啡的话，人体摄入的咖啡因也会直奔大脑，在细胞之间洋溢。由于咖啡因在外形上和腺苷碰巧相似，所以，它会顺理成章地进入本来接收腺苷的受体。

一旦进入，咖啡因就会安营扎寨，阻止腺苷工作。即便我们已经玩命地工作了十几个小时，大脑里本已充满了腺苷，但是由于受体被咖啡因阻碍不能工作，所以，腺苷依然不会向我们传递应该尽早上床睡觉的信息，于是我们一副精神抖擞的状态，更是准备大干一场。

如此看来，咖啡因通过扰乱正常的睡眠信号系统使我们保持清醒，实际上，只是我们的大脑被蒙骗了而已。

52. 可乐究竟能否杀精

> 男人喝可乐会杀掉精子……这一关乎健康的传言，在很多人心目中早已成为"科学常识"。那么，这一说法是否真的具有科学依据呢？

◎是奇思妙想，还是"都市传说"

"可乐杀精"是最有影响力的"都市传说"之一。相信每个人都或多或少听过这个说法。其实，早在2008年，"搞笑诺贝尔奖"就尤其引人关注，一个很重要的原因就是"化学奖"被授予一项大家十分关心的研究：那就是可乐究竟能否杀精。

事实上，关于可乐杀精的传闻几十年前便在中南美洲开始流传。人们认为可乐中的碳酸能杀精，其中的糖分能"引爆"精子。20世纪60年代，美国摇滚乐队The Fugs有一首叫《可口可乐喷灌》的歌，说的就是这个。的确，这是个奇思妙想，但尚需科学验证。

◎一次掀起轩然大波的实验

1985年，美国哈佛医学院妇产科的三位医生（S.A.Umpierre，J.A.Hill，D.J.Anderson）为了验其真伪，在实验室里倒腾开来。他们向三个装有可乐的试管中加入冷冻的精子。经过观察，结果让他们欣喜不已：精子数量减少，可乐能影响精子活力。关于这一结论，他们以读者来信的形式发表在当年11月21日刊出的《新英格兰医学杂志》上。

◎更加缜密的实验

此结论一出，顿起掀起轩然大波。两年后，台北荣民总医院的洪传岳教授看到这篇论文后，决定用更缜密的实验去验证。洪传岳教授挑选了可口可乐中的2种品牌、5种不同配方，分别是经典型、新型、无咖啡因型、健怡型，还有百事可乐。

之后，洪传岳教授通过跨膜迁移实验方法，将混有精子的可乐滴在薄膜上（这种物质能允许精子通过），并在薄膜下方放置生理盐水。一个小时后，他观察发现：至少有七成精子活力依旧，能成功穿越薄膜，不会被可乐杀死。很显然，这份刊登在《人体毒物学》杂志上的研究推翻了之前美国学者的观点。

◎口味独具一格的背后

可乐作为一种碳酸型饮料，在制作的过程中，添加了焦糖、色素等其他成分。当然，它还含有不到1%的由某些神秘物质组成的保密配方。然而，2000年欧洲食品科学研究院却透露，这个已保密逾百年的配方，包括野豌豆、生姜、含羞草、橘子树叶、古柯叶、桂树和香子兰皮等的提炼物、过滤物和染料。正是因为这些物质的存在，才让可乐口味独具一格。

与此同时，在相关配料中，咖啡因尤其吸引大家的注意。所以，又有传闻说，可乐中的咖啡因成分具有杀精作用，所以不能多喝。这是真的吗？

2003年，在美国生殖医学年会上，来自巴西的法比奥·帕斯卡鲁图针对750名男性做了一项研究指出，那些喝咖啡的男性其精子活动度反而更好，发挥关键作用的就是咖啡因。但是美国学者认为，每天饮用3杯咖啡就会影响男子的生育能力。结论莫衷一是，目前仍无确定论。

即便如此，也千万不能小瞧了这些精子，它在有用武之地时绝对能有顽强的生命力。正常健康的精子在阴道内能存活半天，在子宫、输卵管里是两天半，而在宫颈内最长能达8天。不过，如果精子被排出体外，只能做半小时的"短命鬼"了。

面对传闻，怀有科学精神是必需的。但是面对这种以讹传讹的"喝可乐会杀精，男青年需谨慎"，则完全可以无视。

53. 喝奶会不会引发肾结石

牛奶是一种营养非常丰富的食品，喝牛奶可以帮助人体机能提供更多的活力，但是喝奶会不会引发肾结石呢？

◎ 由三聚氰胺说起

曾经一段时间，三聚氰胺在一夜之间变得妇孺皆知。虽然它的致病成因目前仍有争议，但是可以明确的是，三聚氰胺能引起肾结石，产生肾盂积水，甚至导致急性肾衰竭。遗憾的是，目前相关的临床资料却并不多。

有推测指出，当三聚氰胺被人体摄入后，富集在肾小管中的三聚氰胺浓度就会升高，引起自身或其他易致结晶物质析出，从而刺激肾小管及尿路的上皮细胞引起结晶尿，导致婴儿出现尿液混浊甚至白色沉淀。也有观点认为，如果奶粉中含有三聚氰胺，人体饮用后会造成尿液酸化，钙质和其中的各种酸根结合形成钙盐，在肾盂中达到过饱和状态后，便会以结晶形式析出，形成结石。

◎ 肾结石是什么病

其实，肾结石并不是什么新疾病。早在1901年，有人就在埃及古墓中发现了一枚黄色结石，它存留于一具男孩尸架的骨盆内，被证实为膀胱结石。不幸的是，存放于大英博物馆的这枚结石连同尸架在"二战"的一次空袭中被毁。

简单地说,肾结石就是指一些晶体物质(如钙、草酸、尿酸、胱氨酸等)和有机基质(蛋白、多糖)在肾脏异常聚积而形成的"石头"。其实很早之前,人们便开始认识到体内某些成分的吸收或排泄障碍以及新陈代谢的紊乱可能引起结石。然而,在医学上,尿路内结晶及结石的形成机制是极为复杂的,涉及生物化学、物理化学、晶体动力学等多方面原因。

肾结石的组成及颜色不尽相同。大约3/4的结石含有草酸钙成分,其余成分大多是磷酸镁铵。在这个大家族中,有的细小如泥沙,有的像鹿角、核桃仁,有的呈黑褐色,而更多的呈灰白色。在这些恰如宝石的色彩斑斓中,有一种胱氨酸结石甚至呈现黄绿色,虽然表面粗糙但极富光泽,像极了贝母。

◎是什么促发结石的形成

性别不同,肾结石的发病率也不同,其中男女比大约为2∶1。这不仅仅是由男女尿道结构差异的先天因素决定的,男性分泌的雄激素由于能促发草酸的形成,也易促发结石的形成。另外,在青壮年这个年龄段,由于人们的饮食结构复杂,代谢旺盛,尿液内易致结石形成因素较多,所以,青壮年一般也是结石病的好发年龄。

肾结石的形成原因大多与饮食因素有关。大量的动物蛋白质、精制糖和低纤维素食品被认为是目前肾结石发病率上升的原因之一。其中,高蛋白能促进尿钙和草酸的排泄,还能酸化尿液,而这三种物质都有利于尿酸盐的结晶析出,最终导致结石的形成。

◎多喝牛奶到底有没有错

由于牛奶富含钙质,所以人们不免担心喝牛奶会不会更容易患上肾结石。事实上,喝牛奶并不会增大患上肾结石的风险。

原来人体这个复杂的系统会很巧妙地平衡高钙与肾结石的关系。虽然人体摄入过多的高钙饮品势必会增加尿液内钙的排泄量,但可以降低尿液内草酸的排泄,从而使尿液中草酸及钙的比值明显降低,反倒不容易形成草酸钙结晶。因此,从预防肾结石的角度说,多喝高钙饮品并没有错。

除了牛奶,像豆奶、豆浆这类饮品也富含钙质、蛋白质及嘌呤这些物质,虽说它们对人体健康善莫大焉,但是人们仍然会担心它们是否会增加患肾结石的风险性。

可以肯定的是,豆类饮品确实有可能会增加患上肾结石的风险,但那是由豆类中的草酸盐导致的。所以,对正常人来说,高营养的豆类饮品没有任何问题,只不过本身已患肾结石、痛风的人还是应该少喝为妙。

54. 瘦肉精有多可怕

食品安全永远是人们最关注的话题之一，人们经常谈论的"瘦肉精"究竟是什么，对人体又有哪些危害呢？

◎ "盐酸克伦特罗"有什么危害

瘦肉精，顾名思义，就是能让猪多长瘦肉。实际上，任何能够抑制动物脂肪生成，促进瘦肉生长的东西都可以称为"瘦肉精"。它是一类药物（目前主要是盐酸克伦特罗和莱克多巴胺）的统称。早些时候，盐酸克伦特罗主要被用于治疗哮喘，但因其副作用大而逐渐被医生弃用。

20世纪80年代，美国人意外发现盐酸克伦特罗这种物质能促进蛋白质合成，提高猪瘦肉比率。考虑到人们大多喜欢吃瘦肉，讨厌油腻的肥肉，所以，这个意外的发现让盐酸克伦特罗有机会在禽畜身上大展拳脚。

不过，通常来说，猪饲料中的盐酸克伦特罗大多是人体正常用药剂量的10倍。这种物质一旦被猪长时间食用后，很容易在猪的内脏器官里蓄积残留，这正是人体出现瘦肉精中毒症状的原因所在。

换言之，人体中毒其实是人体内药物过量。从科学角度来看，瘦肉精多属β-受体激动剂，受体被激活后，人体就会像"打了鸡血"一样，出现心脏兴奋，心跳加快、血压升高等反应。

◎并未退场的另一种瘦肉精

目前，多数国家考虑到盐酸克伦特罗的副作用实在太大，所以，均已禁止在畜禽饲料中添加盐酸克伦特罗。不过，另一种瘦肉精莱克多巴胺却并未退场。1999年年底，美国食品药品管理局批准将莱克多巴胺添加于猪饲料中，这种物质毒性低、代谢快、较少蓄积，而且更安全高效。在年人均消费猪肉30千克的美国，餐桌上的猪肉里或多或少都含有这种物质。

现如今，美洲和亚洲的24个国家，比如美国、泰国等，均允许使用莱克多巴胺（商品名是培林），以提高猪的瘦肉率。不过，这里却有一个硬性标准：猪肉上市前，培林残余量须低于50ppb[①]，以免造成人体中毒。换句话说，这个标准相当于允许每千克猪肉中含有50微克培林。

另外，世界卫生组织、联合国粮农组织等机构也都允许使用培林，并规定其残余量允许范围在10~40ppb之间。日本虽然禁止本国产猪肉中含瘦肉精，但允许进口猪肉中含不超过10ppb的培林。在中国，任何类型的瘦肉精均被禁止使用。

◎不为人知的隐秘

其实，培林并不是什么坏东西，关键是用量的把握。数据表明，在每吨饲料中添加18.5克培林，就可以使一头200千克的猪的蛋白质产量提高24%，脂肪减少34%。

另外，猪饲料添加剂中还含有抗生素，这一应用历史已近60年。给猪吃抗生素，主要目的不是抗菌防病，而是让其长得更快，从而节省饲料。当然，养殖户也会获得非常丰厚的收益。不过，正如人使用抗生素会出现耐药性一样，猪也会，而且猪使用抗生素的潜在隐忧也很大，那就是动物细菌会难以控制，如果不小心传染给人，将会为治疗造成极大困扰。

[①] ppb是Parts Per Dillion的缩写，表示液体浓度的一种单位符号，一般读作1/10亿。

55. 食品添加剂值得信任吗

> 所谓的食品添加剂到底是什么，真的会对健康构成威胁吗？健康与食品的色香味之间，人们该如何抉择？

◎种类知多少

从广义上来看，所有加入食物并起特定作用的物质成分都可叫作食品添加剂，就连厨房里的盐、糖、醋都可视为食品添加剂。然而，人们常说的食品添加剂更多指向的是食品生产领域。按照《中华人民共和国食品卫生法》中的解释，食品添加剂是为改善食品品质和色、香、味，以及为防腐和加工工艺的需要而加入的化学合成或者天然物质。

目前，中国许可使用的食品添加剂品种已达数千种。食品添加剂中的老三样——香精、色素、防腐剂，人们早已耳熟能详，而很多默默无闻的添加剂也在为食品添加剂家族"增光添彩"。

◎善莫大焉的食品添加剂

食品添加剂作为食品的"附属物"，实则善莫大焉。女生喜爱的酸奶和冰激凌，众多口味都要靠香精打理，而好看的颜色更是全凭食用色素；冰箱中的鲜蔬果汁存放了三天却没有分层，无不是增稠剂的功劳。

再看看厨房里瓶瓶罐罐上的标签，配料表上你所不知的谷氨酸钠、焦糖、山梨酸钾、5-核苷酸钠等统统都是添加剂。老抽酱油之所以颜色浓重，

那是因为添加了焦糖色素；有些酱油之所以味道鲜美，那是因为添加了鲜味剂（谷氨酸钠和核苷酸钠）或氨基酸水解物；酱油之所以能保质6个月，则是因为添加了防腐剂山梨酸钾或苯甲酸钠。

不仅如此，口香糖更是食品添加剂的"大汇演"。在某品牌的口香糖配料表上，我们常常会看到一大串我们看不懂的化学物质——木糖醇、安赛蜜、山梨糖醇、胶母糖基础剂、阿拉伯胶、增稠剂、磷脂、香料、甘油、二氧化钛、甜味素、被膜剂、抗氧化剂。

在这些化学物质中，木糖醇、安赛蜜、山梨糖醇均属于人造甜味剂，不含糖分，这正是它们宣称"有益牙齿健康"的原因所在；胶母糖基础剂、阿拉伯胶、增稠剂能保持口香糖内树脂的可塑性，增加咀嚼感；抗氧化剂能防止口香糖潮解和变质；口香糖表面的被膜剂，能够起到保质保鲜、上光防水的作用。另外，添加的香料决定了口香糖是薄荷味还是柠檬草口味。

总之，正是由于食品添加剂的出现才让食品生产商狂欢不已，在满足人类"口腹之欲"的基础上，"点石成金"般地改变了食品生产的面貌。难怪有人说："没有食品添加剂，生活虽能继续，但会黯淡乏味、乏善可陈。"

◎**食品添加剂真的安全吗**

既然人们离不开食品添加剂，那么它真的安全吗？

首先，现代人崇尚自然，认为天然的总比人工合成的安全、健康。的确，有些天然产物确实比人工合成的好。以抗氧化剂和增稠剂为例，从目前市场上对抗氧化剂产品的研究来看，早已转向天然，如天然维生素E、类黑精、红辣椒提取物、生姜提取物等。增稠剂也通常来自藻类、植物纤维，或是从细菌分泌物中提取而来。

然而，食品添加剂更多时候是需要通过化学合成获得的，而化学合成的物质，分子结构清楚，纯正度高，更容易调配添加，比如，乳化剂、防腐剂、消泡剂、糖替代品、食用酸碱等。而天然的食品添加剂成分较为复杂，或含有杂质，因此，具体到安全性，评估起来就会更加困难，添加剂的纯度和一致性也难以保证。

其次，一种物质被添入食品时，一定要考虑对人体有没有害。很多化学物质都能起到增稠、染色、添香、乳化、消泡等作用，然而，只有通过权威的食品安全性检验和毒理学测试，才能被加入食品当中。番茄酱的红色要靠番茄红素获得，而苏丹红这一能让动物致癌的工业用染色剂则必须禁用。

最后，综观频频出现问题而曝光于各大报端的各路新闻，导致食品添加剂安全危机的症结，恐怕在于某些食品制造商并不严格遵守食品安全生产法规，致使添加剂超标或违规添加工业用原料，导致威胁人们的身体健康。比如，许多小作坊或厂家对色素、乳化剂的使用没有标准量化；许多厂家为了节省成本会添加大量功能相似的工业用化学物质，代替合格的食品添加剂。

从食品工业角度看，食品添加剂既然进入食品生产领域，必然是经过层层试验，才最终被证明是安全可靠的。但是上述种种，无疑让人们忧虑。随着科学研究的深入，食品添加剂的安全性仍备受争议。

◎那些被指责的食品添加剂

在面临信任危机的食品添加剂中，人造甜味剂首当其冲。现代人为了健康，正在极力减少糖的摄入量。尤其是对于糖尿病患者来说，糖分更无异于"毒药"。因此，具有甜味的糖替代品——糖精、阿斯巴甜正日益成为食品中的"常客"。

然而，食品研究却指出，某些人造甜味剂会对人体产生副作用。1879年合成的糖精无疑是人造甜味剂的鼻祖，其甜度极高，是蔗糖的300~500倍。但没过30年，糖精是否有害的争论便开始了。1960年，一项研究表明大量食用糖精会导致膀胱癌，随后的研究也表明糖精可能是一种导致动物癌症的物质。随后，大规模研究又表明，糖精与人类癌症发生没有严格关系。目前，许多国家均允许使用糖精，仅对用量有所限制。

另一种广泛使用的人工甜味剂阿斯巴甜，也是备受争议。该甜味剂于1965年被发现，最初有研究认为它可能与脑肿瘤的发生有关，但是科学调查却未发现其与脑肿瘤有关。1994年，阿斯巴甜在欧洲全面获批。2002年，欧盟科学委员会在审查了大量关于阿斯巴甜安全性的研究后，再次确认批准

使用。现在该甜味剂广泛应用于无糖可乐、口香糖等食品中。但是，尽管如此，针对阿斯巴甜的批评质疑依然不断，仍有研究指出其潜在的健康危害。

除此之外，喝咖啡时常需加入的咖啡伴侣也曾饱受诟病。在西方传统的咖啡饮用习俗中，咖啡内需添加热的全脂牛奶，这就要求牛奶来源新鲜，不能变质，所以并不方便使用。20世纪60年代，雀巢公司开发了一种固体"牛奶"，就是我们现在熟知的"咖啡伴侣"，这种物质呈干粉状，里面含有酪蛋白和小分子乳化剂，还有一些碳水化合物以改善口感。有了这包咖啡伴侣便能替代一杯牛奶，人们称其为"奶精"。后来，人们发现半固体的油类生产出的咖啡伴侣稳定性更高、口感也更好，而某些植物油经部分氢化后，其理化性质便能满足这一要求。自此，氢化油开启了奶精生产的新时代。

再后来，人们又发现氢化油含有高浓度的反式不饱和脂肪酸，这种物质会增加心血管疾病的发生风险，因此，奶精的生产面临窘境。

美国食品药物管理局审查研究后认为，正常人每天摄入2克反式不饱和脂肪酸，对身体健康并无明显影响。于是，该机构又规定，在一份食品（比如240毫升饮料或半杯冰激凌）中，如果反式不饱和脂肪酸的含量低于0.5克，便可标注为"不含有"。而冲饮一杯咖啡所需的奶精里含有的氢化油并不多，所以，不存在潜在的健康之虞。

在食品添加剂的发展历程中，人造甜味剂和奶精所遭受的质疑无疑是最好的例证。随着科学的发展进步，更多研究和发现终将使食品添加剂的使用变得更加安全、可靠、合理。

56. 解酒药真的可以让人千杯不醉吗

> 现如今,酒已成为人际交往的必要环节。但各种问题也随之而来:喝酒脸红的人是否意味着酒量大?提升酒量到底有没有诀窍?流传的解酒药真的能让你千杯不醉吗?

◎ 脸红≠酒量大

酒桌上,常用来劝酒的辞令"脸红说明代谢快、酒量大",其实并无多少依据。科学研究的回答是,喝酒脸红反而是不能喝酒的表现。

至于其中缘由还得从酒精代谢说起。人们所饮酒品不管是白酒、啤酒、葡萄酒,其实入肚的主要是酒精,更专业的叫法是乙醇。尽管一杯倒入嘴里,整个人可以把拼命三郎的劲儿表现得十足,可随后,酒精在体内发生的一切化学反应,却由不得你来控制。

2008年,德国海德堡大学的科学家发现,饮酒6分钟后,脑细胞就会出现变化。科学家找来8名男性和7名女性,要求志愿者分别用一根吸管喝下一杯酒,随后接受大脑核磁共振扫描。

在这个实验中,志愿者所喝的酒中酒精量相当于三杯啤酒或两杯葡萄酒,一饮而尽后,能使普通人的血液中的酒精含量瞬间达到0.05%~0.06%,影响正常驾驶能力,但又不致严重醉酒。简单地说,只需6分钟,你就能体会到"上头"的感觉,因为酒精已抵达大脑,并对大脑产生作用。

酒精这种化学物质主要在肝脏内被分解代谢。首先，乙醇脱氢酶将它"撕裂"为乙醛，此时，决定你脸红与否的关键因素就要闪亮登场了，那就是乙醛脱氢酶，这种物质能将乙醛转化为乙酸。最后，乙酸变成二氧化碳、水，排出体外。

在上述环节中，如果乙醛脱氢酶数量与活性不足，就会导致乙醛过多蓄积，这种物质只需要一丁点儿量就能让人醉态连连，面红耳赤、头晕目眩。事实上，人体喝酒后所产生的诸多反应，就是乙醛在作怪。那些酒量大的人，在很大程度上是因为这种酶相对够用而已。而乙醛脱氢酶的活性相对较低的人，由于酒精不能被人体快速代谢，体内就会发生乙醛蓄积，更容易出现醉酒症状。因此，当你一喝酒，脸色就像关公的兄弟们，可得小心"脸红说明酒量大"这样的话，否则就上了贼船了。

◎"亚洲红脸"

说到"上脸"这种反应，亚洲人在饮酒后更容易出现，甚至被称作特征性的"亚洲红脸"，学术上称"酒精性脸红反应"。事实上，有近半数的亚洲人会出现酒后红脸的反应。

仔细追究，其实是基因在作怪。研究发现，亚洲人的乙醛脱氢酶基因出现变异，从而导致这种酶相对不足，而欧美人士却极少出现。这也解释了为什么欧洲人大多比亚洲人能喝。正如一份数据所显示，60%的白种人较能喝酒，60%的黄种人则不能喝酒。也有调查数据显示，在乙醛脱氢酶基因缺陷的人群中，女性比男性所占比例大，南方人比北方人所占的比例大。据此我们可以粗略断言，男性往往比女性能喝，北方人也常比南方人酒量大。

◎喝混酒

不过，酒是人际交往的必要环节。谁都不愿意承认自己酒量差。至于酒桌上常说的"喝混酒容易醉"，你应该不会陌生。这有没有科学依据呢？

事实上，喝混酒易醉并不是因为不同酒水的先后混喝造成的，主要原因是当人们喝混酒时，更容易不由自主地多喝，结果导致人体摄入更多的酒精量。下一次，当你不得不混酒喝时，不妨主动控制饮酒量，这样就在无形中减少了酒精的摄入,就没那么快醉倒了。

还有一种说法是先啤酒后白酒,往往醉得更快。从理论上讲,啤酒等含气泡酒水更容易刺激胃黏膜,导致人体吸收酒精更快,酒醉出现得更早。真相在于,酒醉与否与体内酒精量的多少有关,而与酒水具体种类的关联却并不大。换句话说,喝5瓶啤酒可能等同于4两白酒,两者所含的酒精量是一样的。事实上,不管喝什么、怎么喝,只要含有酒精,喝到一定程度,必然会酒醉。

◎酒量是否天生

一直以来,许多人都认为酒量是练出来的。2008年12月,美国《国家科学院院刊》的一项研究却表明:酒量多寡、是否嗜酒绝非后天锻炼养成,而是由"饮酒基因"决定。这种基因能影响人对酒精的反应,从而决定这个人是否能喝酒、爱喝酒。

很多身临酒场的人似乎并不认同这个结论,接下来,我们就来看看这项研究的具体内容。首先,研究者培育出一种爱酒胜过喝水的老鼠,证明喝酒这种习惯具有遗传性。也就是说,喜欢喝两口至少与基因有关。

为了证明人是否也这样,研究者设计了一项酒精挑战赛,要求300余名受试者在8分钟内喝下一份浓度为20%的酒精溶液。受试者一饮而尽后还需填写一张记录酒后各种感觉的表格。与此同时,研究者还利用一种特殊仪器,测量受试者酒后身体的晃动程度,来反映醉酒程度。

结果研究者发现了一个有趣的现象:在受试者的第15号染色体上有部分基因与喝醉程度紧密相关,研究者将其标定为"饮酒基因"。研究者雷蒙德·怀特认为,基因调控酒量,在经过复杂的变化过程后,它能影响人们对酒精的反应。更有意思的是,饮酒基因还能够遗传。但研究者还不能确定这种遗传是否会受到后天环境的影响。其次,虽然基因能遗传,但能起到的作用有多大还不能确定。

可以说,在喝酒这事上,酒量与基因有关,还受环境影响。此外,喝酒也与文化、地方习俗挂钩。因此,难以简而化之地用科学理论来解释酒量大小。

◎ 不醉有诀窍

长久的酒桌征战史告诉人们，空腹饮酒的话，酒量会大减，也容易醉酒。所以，觥筹交错前，主持者常会说："先吃点东西，垫垫肚子。"

仔细推敲，这其实有一定道理。首先，饮酒前多吃有助于延缓酒精在胃和肠道的吸收，使大部分酒精与食物混合，降低单位体积内的酒精浓度。换句话说，食物此时就像是颗"缓释胶囊"，原本几分钟就吸收一空，现在却被缓慢延长了。这意味着，体内的酒精在吸收与代谢之间建立起一种稳定的平衡状态。虽说人体血液内的酒精含量会让人微醺，但尚不足以让人醉倒。

从医学角度讲，乙醇作为一种小分子化学物质，能自由透过细胞膜。这意味着，当它从口腔经食道进入胃、肠后，便能迅疾进入人体的血液循环。一旦酒精入肚，5分钟左右即可吸收入血液。

通常情况下，人们饮酒45分钟内，血液中的酒精浓度就会达到巅峰，不过，也有一些人可能再喝30分钟才会出现最高浓度，这与酒精是否被延迟吸收有很大关系。如果此时肚里有脂肪（肥肉）、高蛋白和高纤维类食物，就能延宕酒精在胃内被吸收的过程，延缓酒精浓度峰值的到来。

◎ 解酒无良方

酒桌上，一旦有人酩酊大醉后，免不了有人会言之凿凿地告诉你解除醉酒或宿醉的独门妙计：吃香蕉、多喝水、喝浓茶或服用保肝药，其中一些，你肯定尝试过。但是这些招数真的有效吗？不幸地告诉你，没有科学证据可以表明这些方法有用，有些甚至有损健康。

其实，醉酒从根本上说是饮酒所致，要想杜绝醉酒，那就远离酒，或者少喝为妙。一味求助各种并不靠谱的解酒秘方，未免有些舍本逐末。说得狠一点，那是自作自受。

2005年，英国和荷兰的科学家就通过实验验证过常见的解酒方法，包括3种药物、4种食疗方法等。结果显示，人们常用的解酒方法对缓解醉酒后恶心、头痛等症状有一定作用，但不能完全解除醉酒状态。换言之，这些解酒方法只能起到一定的安慰作用，而要起到切实的解酒作用，几乎是不可能的。

目前,虽说打着解酒名号的药物有很多,但是医学上并无真正意义上的解酒药。那些吹得神乎其神的药效,其实是给饮酒者心理暗示——吃了解酒药,即便多喝三五杯也不容易酒醉。不少打着解酒旗号的保健品,如果仔细看成分说明,大多是L-谷氨酸与维生素C。事实上,这些物质原本就存在于日常食物中。与其相信它们的话,还不如多吃两口菜。

比如,在有些解酒药的使用说明中会看到"本药品药效强劲,服用时请同时饮用两大杯水,睡前再饮一杯"之类的话。实际上,这些药品并非具有"神效",重点在于你喝了很多水,这些水被人体吸收后,就会扩充血管容量,降低血液里的酒精浓度,从而在一定程度上缓解醉酒后的口干和胃部不适等症状。

再比如,那些标榜具有解酒功效的药物,往往只起到安慰剂的作用。因为这些解酒药多含氨基酸、维生素和各种活性酶,有缓解头痛、恶心的作用,但绝不会使你酒量倍增,千杯不醉。事实上,当你酒醉瘫软时,最好的药物是时间。身体需要时间来代谢清除超量的酒精。

57. 为什么饼干越少越好吃

> 为什么东西越少，受欢迎程度就越高？这是人类对稀少性的典型反应，根源在于我们丧失了清晰思考的能力。罗马人曾经说过："物以稀为贵。"显然，这种思考谬误与人类的历史一样古老。

◎幼稚的孩子们

M小姐的一位女友请她去家里喝咖啡。好久不见的两个人本想好好聊聊天，可是女友家里的3个孩子却在地板上吵吵闹闹。

M小姐突然想起自己带着玻璃球，还是满满一袋子。于是，她将玻璃球倒在地板上，希望那些淘气鬼会安静地玩玻璃球。

令人没有想到的是，M小姐的这一做法立即引发了一场激烈的争抢。她不明白是怎么回事，便仔细观看。原来在玻璃球当中刚好有一只蓝色的，孩子们都抢着要。

其实，这满满一袋子的玻璃球都一样大、一样漂亮，闪闪发光，可那只蓝色的有个重要优势——稀少。看到这一幕，M小姐笑了，孩子们是多么幼稚啊！

◎幼稚的成年人

同样是M小姐的经历，2005年8月，她听说，Google要推出一个自己的电子邮箱账户，不过，这个Google却很挑剔，只有"受到邀请"才能注册，M小姐非常想拥有一个，最终成功了。

这是为什么呢？肯定不是因为M小姐需要另一个电子邮箱（事实上，她当时已经有4个了），也不是因为这个电子邮箱比竞争对手的产品更好，而只是因为不是所有人都可以使用它。事后，当M小姐回想起这一幕时，她忍不住笑了：成年人是多么幼稚啊！

◎稀少性谬误

让我们再回到上面那则故事，M小姐的那位有着3个孩子的女友，其第二职业是房地产经纪人。每当她找到一个感兴趣但不能立即作决定的客户时，就会在电话里这样跟他说："先生，昨天伦敦来的一位医生也看了这块地皮，他很感兴趣。您觉得呢？"

这位女友口口声声说的"伦敦来的医生"，当然是虚构出来的。实际上，有时她会说是"教授"，有时说是"银行家"，可是不管怎么说，产生的效果却很真实：她成功地说服了那位感兴趣的客户作出决定。

这是为什么呢？又是因为潜在的商品稀少。客观地讲，这似乎难以理解，因为感兴趣的客户要么想按照报价得到地皮，要么不想，完全不受什么"伦敦来的医生"的影响。

◎稀缺最关键

社会心理学家斯蒂芬·沃切尔曾做过这样一个实验：他将受试者分成两组，请他们评价饼干的质量。第一组得到整整一盒饼干，第二组只得到两块。结果，第二组受试者对饼干质量的评价要比第一组高得多。多次重复这一试验，答案都一样。

在广告界的各种牌子上，我们常会看到这样几个醒目的字："库存清货""仅今天有售"，毫无疑问，这都示意时间的紧缺。再来看另一个试验：请大学生们按照漂亮的程度依次排列10张招贴画。为了略表谢意，他们可以得到其中的一张。5分钟后，再告诉他们，排名第三的招贴画没有了。然后找个借口请大学生们重新评价那10张招贴画。结果，再也没有了的那张

招贴画现在突然升级为最漂亮的了。

◎罗密欧与朱丽叶效应

如果我们的一个物品被人夺走了，就会认为失去的物品更有魅力，这种反应在心理学中称为"罗密欧朱丽叶效应"：莎士比亚笔下两个悲剧性青年男女的爱情因为被禁而更加强烈。

如此看来，我们对稀少性的典型反应就是丧失清晰思考的能力。因此，请你不要在乎这个物品是否稀少，是否有哪位"伦敦来的医生"也想要它，你只需要按价格和作用判断一样东西就可以了。

58. 止咳药含有兴奋剂，是真的吗

> 运动员为什么要冒险使用兴奋剂？止咳药中也含有兴奋剂？这些都是真的吗？

◎耸人听闻的新闻

北京奥运会期间，有关部门下令禁售止咳糖浆等感冒药。这样的新闻一出，迅速就炸开了锅，因为这种药中含有兴奋剂成分。止咳药里为什么要放兴奋剂？难道是制药企业在不规范运作吗？

◎关于兴奋剂

兴奋剂的英文为Dope，1889年首次被列入英语词典。有一种说法认为兴奋剂原为南非黑人方言中的一种有强壮功能的酒，现为供赛马使用的一种鸦片麻醉混合剂。

从医学上来说，兴奋剂是一种能刺激人体神经系统，使人产生兴奋，从而提高机能状态的药物。在体育界，兴奋剂是指作用于人体，有助于运动员提高成绩的药物。一些运动员为了谋求更好的运动成绩，就有可能寻求这些药物的帮助。

但是当这种药物被挪用至运动比赛中，特别是在短跑、跨栏等田径比赛中，由于能大幅度提升血红蛋白浓度，增加红细胞携氧能力，让运动员在高速奔跑中坚持的时间更久，就成了一种不正当的竞争策略。

◎药物中也含有兴奋剂

不过,据资料统计,有些常用药物中确实也含有兴奋剂。比如,市场上销售的止咳药水中,超过1/3含有可待因、麻黄碱等麻醉精神类管控药品。而在《含兴奋剂目录所列物质的化学药品及生物制品品种名单》中,麻黄碱显然在列。

当患者服用这些药物后,所含的可待因和麻黄碱就会作用于人体的中枢神经系统——大脑,其中的麻黄碱能刺激大脑皮质及皮质下中枢,引起中枢兴奋作用,给本已疲乏的大脑"充电",让人产生快感。不仅如此,麻黄碱的用途还非常广泛,支气管哮喘、百日咳以及很多过敏性疾病的治疗中,都有它的身影。它还是常用的术中升压药物,能扩大瞳孔,治疗重症肌无力、痛经等。

可待因属于阿片类麻醉药,具有镇痛镇咳作用,可以抑制呼吸及肠蠕动,止咳、止泻药物均含有这种物质。很显然,对于普通人来说,这些药物所含的兴奋剂还是治病的良药,不会对人体造成伤害,不会影响使用者的健康,反而能治疗某些疾病或者缓解某些症状。

当运动员服用这些药物后,麻黄碱会明显增强其兴奋程度,毫无疲倦感,进而超水平发挥运动技能,更有利于摘金夺银。因此,对运动员来说,这些药物需要在体育比赛中受到严格管制。

◎兴奋剂引发的思考

当然,这也并不是说这些"兴奋剂"不会在普通人身上产生"兴奋"的效果。那么,会不会有人利用这些唾手可得的常用药物来谋求特殊的"兴奋"呢?要知道,这并非杞人忧天,一些类似药物甚至已经打着"高考兴奋剂"的幌子进入了市场。

不过,要想依靠吃止咳药谋求好成绩似乎还真有点难度。虽然药物可以使大脑进入兴奋状态,但并不等于药物能促进学习,提高成绩。再者"是药三分毒",兴奋剂一旦服用过量,所含的麻黄碱极易引起精神极度兴奋,失眠不安、神经过敏。长期使用后,若一时停药则可出现焦虑、失眠、精神萎

Part4 吃的真相

靡、烦躁不安、头痛、心悸、出汗等症状。

如此看来，兴奋剂虽说依着"兴奋"二字，好不强大，但是，我们还需理性地看待它们。在医学上，它们是有明确治疗目的的药物，一旦产生"上瘾"症状，不但让家长心焦，还会贻害孩子学业。

59. 为什么汤圆会边煮边翻跟头,饺子却不是

为什么同样是吃食,一个在汤锅里会做着自由体操,而一个在沸腾的水里只会随波逐流呢?关于汤圆可以边煮边翻跟头,而饺子却不行,你知道这是为什么吗?

◎汤圆也会翻身

新年吃水饺,正月十五煮汤圆,这是中国很多地区的一种习俗。然而,煮汤圆的时候,我们可以看到汤圆在水里不停地翻身打滚,但煮水饺时水饺却安安静静的,基本上不动,只是偶尔翻个身。这是为什么呢?

◎物体的重心位置

从物理学的角度来看,对于一个漂浮在水上,或者是悬浮在水中的物体,如果它的重心位置越高,那么,这个物体本身的重力势能就会越大,因此,这个物体总会倾向于让重心的位置更低一些。这就好比,一个浮在水面上的篮球,很容易就可以让它转动起来,而一个扁平的小船即使在一定的风浪条件下也不会翻转。

我们在煮汤圆或者水饺的时候,随着水温的不断升高,锅里的开水会咕嘟咕嘟地沸腾,这样就会不断地给汤圆或水饺提供随机的力矩,只要它们的重心位置利于转动,就会很容易翻身了。

◎汤圆PK水饺

好了,问题来了,既然如此,我们又该如何确定汤圆和水饺的重心位置呢?先让我们看看汤圆和饺子的各自结构。汤圆从外表上看,是一个球形结构,具有很高的对称性,这使得汤圆在转动的时候,重心没有发生任何变化,一个很小的力矩就会让它转动起来。

而饺子的结构则较为复杂,这是因为它的物质分布不均匀,因此,重心的位置相对靠近有馅的一侧。当单独一个水饺在锅里的时候,它会自动选择重心最低的位置。这样,要让水饺翻转,势必要提升饺子的重心,但那样需要一个很大的力矩,即使转了也是一个不稳定的状态,并且水饺的形状使得它在转动时需要排开一定的水,结果它在水中翻滚就变得更加困难了。

60. 怎么对付贴壳的鸡蛋

> 为什么很多时候煮熟的鸡蛋，其蛋白会牢牢地贴在壳上，不好剥？即便你如何小心翼翼地剥壳，剥出来的蛋还是坑坑洼洼，这究竟是为什么呢？

◎剥蛋这件事

一个再平常不过的日子，你正在享用一顿再普通不过的早餐。可是，每天早晨的一颗煮鸡蛋，并未让你熟练掌握这个技巧——剥开这枚煮鸡蛋。

当一枚鸡蛋摆在你面前的时候，尽管你已经十分珍惜，可是不管你如何小心翼翼地剥壳，剥出来的蛋还是坑坑洼洼，犹如月球表面，或许世界上最痛苦的事莫过于此了。

你纳闷儿了，仰天长叹：那些护肤品广告里，如女主角皮肤般光滑的鸡蛋到底是怎么剥出来的呢？为什么？这究竟是为什么！

◎是煮得不对，还是蛋不对

其实，万事万物都是有解释的，"为什么蛋白老是黏在蛋壳上"这个问题自然也不例外。让我们先明确一点，到底什么样的蛋才难剥呢？是煮得不对，还是蛋不对呢？

在此之前，我们首先可以排除蛋壳颜色这个因素。1990年，研究者已经证明白色壳的鸡蛋与褐色壳的鸡蛋在可剥性上，没有显著的统计学差异。

顺便补充一点，国外研究者普遍用两条标准来衡量一枚鸡蛋的可剥性：一是剥去全部外壳所花费的时间；二是剥出后的蛋，其外观是否光滑完整。

◎蛋好不好剥，蛋清是关键

研究证明，决定一个鸡蛋好不好剥的最大关键在于蛋清，越是新鲜的鸡蛋，越是难剥。新鲜鸡蛋随着时间的流逝，许多性状都会逐渐发生变化，其中对剥蛋影响最大的当属两个因素，一个是蛋清的酸碱度，再一个是蛋的内容物体积。

对于刚刚产下的新鲜鸡蛋，其蛋清内蕴含之前代谢产生的二氧化碳，因此蛋清略显混浊，pH在7.6~7.9之间，属于相对偏酸。

鸡蛋来到世间后，会通过多孔的蛋壳与外界交换空气，完成吸入氧气、放出二氧化碳的过程，其实就是鸡蛋在呼吸。在此过程中，二氧化碳的散失会提高蛋清的碱性，使得pH值上升。通常，一枚鸡蛋来到世间3天后，鸡蛋蛋清的pH值就会上升到9.2附近。21天后则会上升到9.4，最高可以达到9.7。因此，国外某些美食杂志曾建议主妇们，在冰箱里放了7~10日的蛋来做煮蛋最完美。

其实，早在1959年，一位研究者就写了一篇题为《新鲜煮蛋与壳经处理煮蛋二者剥壳问题之观察》的文章，并且十分精确地提出，只要蛋清的pH值低于8.7，那么这枚鸡蛋的蛋壳就会很难剥，高于此值，其蛋壳就会很好剥。这位研究者同时也提到，一般只要把新鲜鸡蛋在15℃下放置48小时，其pH值即可升到8.7以上。

在这位研究者之后，还有很多研究者也研究了这个问题，得出的"易剥蛋清pH值"也大致在8.7~8.9之间。他们还在显微镜下观察发现易剥蛋的鸡蛋膜结构都显得较为致密，而难剥蛋的鸡蛋膜结构则相对疏松。

◎影响剥蛋的其他因素

除此之外，鸡蛋在储藏过程中也会通过多孔的蛋壳逐渐散失掉一部分水分。因此，同样大小的新鲜鸡蛋总是比较重一点。当我们把新鲜的鸡蛋和老鸡蛋一起放在水里，往往会发现最新鲜的鸡蛋都会下沉，而老鸡蛋有

时会悬浮起来。

一旦鸡蛋水分散失就会直接造成其内容物体积变小，这就给蛋清与壳之间那个气室扩展了空间，并且在内外膜间形成了微小的缝隙，于是有助于我们剥鸡蛋。

还有一个广为人知的方法，煮完蛋后迅速把蛋捞出，再直接投入冰水中冷却。这个方法的原理在于蛋清与蛋壳热胀冷缩的不同，相对而言，后者的变化更小些，因此鸡蛋就会收缩得更快而且更多，从而为我们留出轻松剥出一枚光滑圆润的鸡蛋的足够缝隙。

61. 膨大增甜剂能让西瓜变炸弹吗

> 西瓜皮开裂并不是什么新鲜事，早些年就有过西瓜开裂的报道。很多人也可能有过这样的经历，切西瓜时，刀刚碰到西瓜，瓜皮就应刀而裂了。于是，有些人认为这种现象是西瓜又好又甜的标志。虽说这种现象可以成为一个好的促销标志，但是西瓜随意裂开可不是什么好事。那么，使用膨大增甜剂能让西瓜变炸弹吗？

◎西瓜为何会开裂

回答这个问题之前，先来说说造成西瓜开裂的原因。其实，影响西瓜开裂的因素很多，这涉及西瓜的品种、天气情况、肥料情况等诸多因素。

首先，西瓜的品种会影响到开裂。研究表明，与晚熟的西瓜相比，早熟的瓜瓜皮较薄，并且瓜皮中的细胞比较大，排列也较为疏松，使瓜皮缺乏韧性。不少西瓜的爆炸很可能与早熟品种有关。

其次，连续阴雨天之后的暴晒也容易使西瓜开裂。在阴雨天时，低光照和低温容易使瓜皮木栓化，降低瓜皮的韧性。晴天到来后，西瓜生长速度加快，很容易撑破瓜皮，造成瓜裂。

此外，肥料的使用情况也是重要的影响因素。实验以及种植经验告诉我们，使用过多的氮肥会使瓜皮缺乏韧性，更容易开裂。这是因为氮肥可以提

高西瓜的生长速度,但瓜瓤的生长速度要快于瓜皮。这样一来,西瓜就很容易开裂了。

◎ 神秘的膨大剂

虽然目前报道并没有提及膨大剂的具体成分,但是常用"膨大剂"的主要成分氯吡脲还是值得一提,这是一种通过影响植物体内的细胞分裂素、生长素、乙烯等内源性激素起作用的植物生长调节剂。

目前为止,还没有研究表明这种膨大剂跟西瓜的水分代谢有关,也不可能直接促进西瓜吸水,增加西瓜内的压力。不仅如此,假如没有天气、水分以及肥料等条件的综合影响,膨大剂是很难发挥作用的,别说是让西瓜爆炸,就是让西瓜快速长大都是个问题。所以,将爆炸元凶的帽子扣在膨大剂上未免有失公允。

◎ "甜不甜"是个问题

那么,西瓜开裂与甜不甜有没有必然联系呢?如果是在氮肥施用过多的情况下,导致西瓜容易开裂,反而可能使西瓜没那么甜。因为氮肥过多会促进蛋白质的合成,在光合作用产物一定的情况下,就会影响糖和酸的含量,使得西瓜淡而无味。

可能有人会问了,是不是这个原因,所以西瓜需要增甜剂呢?实际上,影响西瓜甜不甜的因素非常复杂,主要在两个阶段施加影响。一是光合作用的产出阶段。只有足够的叶片吸收足够的太阳光能量,才能制造出足够的能源基础葡萄糖。

二是叶片中产出的葡萄糖被运送到果实里,再转化成蔗糖和果糖(这两种物质都比葡萄糖甜得多)的阶段。在这个阶段,西瓜甜不甜取决于西瓜体内与合成这些糖的蛋白质(蔗糖运输蛋白、果糖激酶等)的多少,以及是否有与合成这些糖竞争资源的过程(比如因为氮肥太多,影响糖类合成)。可以说,甜西瓜是天时(比如光照、雨水、温度)、地利(比如西瓜品种、土壤)与人和(比如施肥等)多重利好因素的集合体。

◎ 西瓜变"炸弹"的流言

不过,在这个机械化的年代,人们总是想要短平快地解决西瓜的甜味问题，于是，想到在上面加点东西。方法有两种，一种是直接添加甜味物质，另一种是通过施用植物激素来促使西瓜变甜。

如果直接注射甜味物质，最简单的想法就是加糖。实际上，从20世纪90年代开始，就有多篇文章报道在西瓜根部施用蔗糖和豆饼的混合物，可以有效提高西瓜的甜度。不过，西瓜的根系对蔗糖并不感兴趣，只会被动地少量吸收蔗糖，这就好比隔着包装纸往蛋糕上抹砂糖，效果可想而知。到了2003年，上述方法又得以改进，把蔗糖换成了糖精。实际上，植物的根系除了对部分氨基酸感兴趣，对有机物都不屑一顾，糖精也不例外。至于直接向西瓜里注射糖精，且不说糖精在西瓜里是否能扩散均匀，单是这些扎了眼的西瓜是否能保存就值得商榷。

此外，另一种使西瓜变甜的途径就是施加植物生长调节剂。实验表明，适当地调节植物激素确实会促进果实中蔗糖的积累。比如适当喷施脱落酸可以促进桃子果实对果糖和葡萄糖的吸收。不过，对于西瓜，目前还没有见到相关的报道。不管怎样，这些植物激素都不会引起西瓜爆炸。

如此看来，西瓜甜不甜的关键因素在于品种。光合作用强，蔗糖和果糖转化积累多的品种自然就甜，这也是西瓜育种的方向。同时，我们可以通过适当施肥，比如在成熟期，减少氮肥的施用，或者减少西瓜数量（平均到每个瓜上自然糖就多了）等方法来提高西瓜的甜度。在保证人体健康的情况下，施用植物激素作为备选方案也是无可厚非的。

看来，西瓜爆炸是受多方面因素的影响。膨大增甜剂不是炸药，也不是毒药，把所有问题都推在它身上显然是不公正的。而且膨大剂的剂量在允许范围内时，并不会伤害人体健康。膨大增甜剂能让西瓜变"炸弹"的流言自然也就破解了。

62. 洋葱为什么"催人泪下"

用洋葱做菜时，很多人都有过这样的体验：手起刀落，可眼睛逐渐感到一股浓烈气体的刺激，眼泪也流了出来。洋葱释放出的这股浓烈的气体究竟是什么，为何会使人流眼泪，是否对人体有害呢？

◎ 洋葱中的催泪因子

洋葱之所以会使人流眼泪，是因为其中的催泪因子在作怪。这种物质主要是由一类烷基半胱氨酸硫氧化物（ACSO）经一些特殊的酶作用而产生的。

早些时候，人们一直以为催泪因子是由蒜氨酸酶单独作用而产生的，直到2002年，日本学者发现洋葱中还存在另一种关键酶的作用，那就是催泪因子合成酶，正是因为这种酶的作用才最终导致洋葱催泪因子的产生。

研究表明，完整的洋葱细胞只存在风味前体物质烷基半胱氨酸硫氧化物（ACSO），这是一类含硫的物质（硫是洋葱生长过程中的重要元素，也是形成辣味的重要元素），目前发现这种物质主要有4种：S-甲基-L-半胱氨酸亚砜（MCSO）、S-丙基-L-半胱氨酸亚砜（PrCSO）、S-丙烯基-L-半胱氨酸亚砜（1-PeCSO）和S-烯丙基-L-半胱氨酸亚砜（2-PeCSO）。在这4种物质中，1-PeCSO占最多，ACSO在鲜洋葱中占0.668%，其中80%为PeCSO，其他占20%。其中，风味前体物质在细胞质中，蒜氨酸酶在液泡中，相互之间互不打扰。

但是用刀切洋葱的时候，洋葱细胞由于受到外力作用而发生破碎，液泡中的蒜氨酸酶就会获得与ACSO接触的机会，并将ACSO水解成硫代丙醛-S-氧化物，同时生成丙酮酸和氨。其中，硫代丙醛-S-氧化物就是导致眼睛流眼泪的主要成分，被人们称为催泪因子。

这些物质有强烈的热辣味，使嘴唇有灼烧感，由于还具有挥发性，因此极易刺激眼部角膜的神经末梢，人体则通过神经系统活动命令泪腺分泌泪液，把刺激性物质冲走。这就是洋葱使人情不自禁流眼泪的原因。

◎如何避免洋葱的"催泪弹"

切一次洋葱就要哭一次，于是，人们试图找到解决的办法。蒜氨酸酶的参与是产生刺激性气味的必要因素，所以，要想减少刺激性气体，就要尽量避免蒜氨酸酶的作用。

研究表明，温度对酶的催化反应速度的影响很大，而且酶催化反应都有一个最佳温度。温度低，反应速度慢；温度高，反应速度快，但是温度过高还会导致酶逐渐变性。如果蒜氨酸酶变性也就无法催化生成催泪物质，这也解释了为什么炒洋葱的时候不会催泪。

洋葱经过低温处理后，催泪物质会有所减少，因为低温导致蒜氨酸酶的活性降低，在冷冻及融化过程中，蒜氨酸酶的活力不可逆地损失近40%。所以，切洋葱之前，为了避免流眼泪，不妨先把洋葱在冰箱冷藏室放几个小时，或者在冷冻室放半小时，让洋葱的整体温度降下去，但又不至于冻住。

除了蒜氨酸酶，催泪因子合成酶也非常关键。催泪因子合成酶是一种作用于催泪因子合成过程中的关键物质。科学家们由此想到，可以通过基因技术将催泪因子合成酶控制住，使其无法产生作用，这样就阻止了催泪物质的产生。目前已经研发出这样的转基因洋葱，但还没有大规模生产食用。

其实，家庭主妇早就发现了一个简单的办法：先在刀上沾些水，然后再切洋葱。这是因为洋葱产生的刺激性气体可以溶于水，所以，为了避免情不自禁地流眼泪，可以将洋葱泡在水里剥或者切。

◎洋葱是健康食品

很多人不喜欢吃洋葱,不仅是因为它会让人流泪的刺激性,还因为食用后口中长久不散的难闻气味。虽然含硫气体让洋葱变得很尴尬,但是很多研究发现,洋葱中的含硫气体可能对健康有好处。

新鲜洋葱汁中的含硫化合物有抑制细菌繁殖的作用;洋葱组织降解产生的硫代亚磺酸酯,有助于抗哮喘和消炎;洋葱中所含的一些物质还有降低血糖、降低胆固醇的效果,对减少癌症的发生也有一定的促进作用。不过,洋葱通常都是作为调味品,增加香味的配菜使用,大家无须过分迷信洋葱的健康作用,而将它作为主菜食用。

Part4 吃的真相

63. 高钙奶更补钙吗

> 很多人为了更好地补钙,往往会买钙含量更高的"高钙奶"。那么,高钙奶补钙效果真的更佳吗?

◎牛奶也要"补钙"

所谓高钙奶,就是钙含量更高的牛奶。很多人可能会想,同样是牛奶,为什么高钙奶的钙就多一些呢?其实,高钙奶的原料也是普通牛奶,只是人为地添加一些钙,使得高钙奶中的钙含量高一些。虽然人们平时都叫它高钙奶,不过,其实有一个更专业的名字——钙强化奶。

在营养学中,强化就是对某种食物中的某种营养素进行补充,这样的食品就称为"营养强化食品"。其实生活中这种营养强化食品还有很多,如加碘盐、加铁酱油等。高钙奶就是对牛奶中的钙进行了"强化",也是给牛奶"补钙"。

很多含钙的物质都是可以作为钙剂加入高钙奶中的,如碳酸钙、乳钙、乳酸钙、柠檬酸钙等。目前,用得比较多的是碳酸钙和乳钙。

◎高钙奶,高得有限制

高钙奶添加钙也是有限制的,实际上,向牛奶里添加钙是一件有技术难度的事,很容易破坏蛋白质体系的稳定,影响口感和杀菌稳定性。

牛奶本身是高钙食品,其中的蛋白质和钙有着微妙的平衡,如果突然来

了一群其他的钙,势必会打破这种平衡。而且牛奶中富含的酪蛋白对钙离子非常敏感,加入钙剂会导致沉淀和乳析①等问题。有研究发现,使用碳酸钙时,当碳酸钙的添加量在0.5‰~2.0‰或者乳钙的添加量在0.5‰~1.5‰时,高钙奶中的沉淀逐渐增加,而且随着保存时间的延长,这种沉淀还会进一步增多。所以,高钙奶的"钙"不是想加多少就能加多少。

◎高钙奶有多少钙

一般来说,每100毫升普通牛奶中的钙含量在90~120毫克。什么样的牛奶才能称为"高钙奶"呢?根据我国最新营养标签标准中规定,比普通牛奶的钙含量高出25%以上,才能称为"高钙奶"。也就是说,理论上高钙奶的钙含量应该比普通牛奶高25%以上,每100毫升高钙奶的钙含量应该为112~150毫克。

但研究人员曾对市场上销售的几种常见品牌的高钙奶和普通纯牛奶的钙含量进行过调查,结果发现,高钙奶的钙含量只比纯牛奶高一点,如每100毫升牛奶中,品牌1纯牛奶的钙含量为79.2毫克,而其高钙奶的钙含量为81.2毫克;品牌2纯牛奶中钙含量为97.3毫克,其高钙奶含钙量为107.4毫克。

可见,常见品牌的高钙奶,其钙含量和普通全脂牛奶的差距不一定能达到25%以上,与普通脱脂奶相比,更没有那么大差距。从钙含量来讲,高钙奶并没有想象中的与众不同,多花的钱并不一定能带来更多的钙。

◎牛奶高钙,无须"补钙"

也许有人认为,高钙奶的钙含量比其他牛奶多一点,喝同样量的牛奶,高钙奶摄入的钙就更多,补钙会更好。其实,牛奶本身就是一种高钙食物,而且牛奶中钙的吸收率也很好。人为给牛奶"补"的钙量不大,吸收也不理想。

牛奶可谓是食物中的补钙冠军。一方面,牛奶含钙量高,喝一杯250克的牛奶大约可以摄入250毫克的钙,相当于一天所需的1/3。另外,牛奶中的钙容易被人体吸收,而人为添加的钙吸收率很低。但是受成本影响,现

---

① 乳析,又称分层,系指互不相溶的两种液体混合,其中一相液体以液滴状分散于另一相液体中形成的非均匀相液体分散体系。

Part4 吃的真相

在大部分高钙奶中添加的往往是碳酸钙,这种钙在人体内的吸收效果并不理想。

可见,高钙奶的"高钙"只是一些商家的卖点,与普通牛奶的钙含量差别并不大。牛奶本身含钙量就很丰富,成人在正常饮食外,每天半斤普通牛奶、绿叶蔬菜或豆腐等高钙食物,就可以满足人体对钙的需求,没有必要刻意去买高钙奶。

64. 果糖：健康不健康

果糖到底是"健康糖"还是对人体健康不利？为什么这种历史悠久的糖类会突然被定上罪名？果糖又在我们日常生活中扮演怎样的角色？

◎ 果糖，到底惹怒了谁

果糖是存在于水果、蜂蜜等食物中的单糖，因其良好的健康价值被大力推广，在一些报道中，被称为"健康糖"。另有报道称果糖不易导致高血压，也不易产生脂肪堆积，是欧美国家的新糖类。

然而，果糖特别是高果糖浆，正引发学术界激烈的讨论，很多健康机构都报道了果糖对健康造成的负面影响，并且认为果糖是发达国家日益严峻的肥胖问题的主要原因之一。

那么，果糖到底是"健康糖"，还是对人体不利？为什么这种糖类会被定上罪名？果糖又在日常生活中扮演怎样的角色呢？

◎ 你身边的果糖

也许你认为果糖并不像我们烹饪时常用的蔗糖那么普遍，所以不管果糖是否对健康有害，都不足以对你的健康造成威胁。其实，果糖作为一种食用糖类已经广泛地渗透到食品工业，也正是因为果糖的大规模使用，使得越来越多的研究聚焦于果糖。

自从日本研发了由玉米糖浆制高果糖浆之后，目前这一技术得到了很大的发展，并广泛沿用。高果糖浆大致含42%~55%的果糖，其他则为葡萄糖。随着蔗糖价格的一路飙升，工业化制高果糖浆技术逐渐成熟，加之原料玉米糖浆成本低，高果糖浆的优势越来越凸显，并且成为可口可乐的主要原材料。

高果糖浆在饮料、食品、保健食品等生产领域都有巨大的消费市场，目前在发达国家已经超过蔗糖的消费量。从超市货架中任意选择商品，阅读标签，会发现高果糖浆的普及程度超乎想象。所以，我们已经无形中摄入了大量果糖，健康与否和我们是息息相关的。

◎果糖的一点健康之处

果糖具有水果风味，自然口感好，甜度是蔗糖的2倍，是天然糖中最甜的糖类。而且与蔗糖相比，果糖导致龋齿的概率要低。所以，果糖确实有它的健康之处。

另外，果糖升糖指数（GI）较低，这一指数用于衡量糖类对血糖量的影响，是糖尿病研究中发展起来的概念。通常情况下，在消化过程中迅速分解葡萄糖并将其释放到循环系统的糖具有高升糖指数。反之，缓慢分解并逐渐释放的糖类的升糖指数则较低，被认为对健康有益。相对葡萄糖较低的GI指数，果糖被很多果糖厂家视为宣传的重点。

◎不是GI低，就意味着健康

对果糖的低GI指数，一些理论认为，果糖的代谢类似于酒精，虽代谢产物与蔗糖等糖类相同，代谢途径却不同，所以不会引起胰岛素升高。看起来这似乎是果糖的优点，但研究证明，果糖的这种代谢会造成胰岛素的耐受性，即胰岛素作用的靶器官对胰岛素作用的敏感性下降，引发其他疾病。

加州大学旧金山分校内分泌科的临床儿科教授罗伯特博士在哈佛大学一场关于糖类的讲座中指出，肥胖症的发病率之所以急剧上升，原因并不在于脂肪。事实上，人们从脂肪中获取的热量有所降低，而高摄入糖类尤其是果糖才是罪魁祸首。

美国心脏病协会的一篇义章也指出，消费碳酸饮料所造成的高糖量摄入

容易引发肥胖和II型糖尿病。人体和动物实验显示，高果糖浆会引起脂肪过量沉淀、脂肪肝变性、高血糖、心脑血管疾病等。

◎ 争议不断的果糖

研究证明，果糖对人体其他代谢循环有负面影响。果糖作为一种还原糖，极易与蛋白质分子发生反应生成加速人体衰老的物质，并造成糖尿病及心脑血管疾病。

也有研究提出，果糖本身是否会引起血压升高、中风等疾病还须考证，因为很可能只是高糖摄入带来的高热量对身体代谢产生了负担。一些人体试验证明连续7天的高果糖摄入并不会造成血压升高。由于肥胖等健康问题是牵扯到代谢的复杂问题，所以这一方面的研究还有待深入探讨。

目前，虽说学术界对果糖存在很多争议，可以肯定的是，过多摄入糖类——无论是果糖、葡萄糖还是高果糖浆，都会造成高卡路里的摄入，进而危害人体健康。不管对果糖的争论何时才能有定论，健康饮食，适量摄取果糖，才是健康之道。

Part5 丛林里的游戏

○ 严肃而有爱的动物研究 ○

它们也会为了生存奋力拼搏吗？它们也有娱乐生活吗？它们也会思考生命的本质吗？它们也和人类一样被误会、被伤害吗？

这些丛林里的动物和我们人类一起生活在这个地球上，小鸟要斗大鸟，毛毛虫要排队回家，大雁要互相帮助……它们的故事可能会让你惊讶，也可能会让你开心。

65. 为什么鸽子走路的时候头会一伸一缩

> 鸽子、小鸡，甚至一些会游泳的鸭子，走路的时候为什么要一伸一缩地点头？有人说是为了保持身体平衡，有人说是为了使看东西时更仔细，有人说是本性难移……一时间，众说纷纭。

◎ "点头Yes摇头No"

1930年，中子刚被发现，中微子与暗物质的假说刚被提出，就在此时，美国约翰·霍普金斯大学的生物学家奈特·邓拉普和莫勒却在喂鸽子。

这两位生物学家找了个房间，在房间的一头放了些食物，在房间的另一头放出鸽子，让它去追寻食物，与此同时，用一个简陋得甚至不如现今许多手机内配置的相机，拍摄了鸽子的行走图片。

通过这个简单无比的实验与模糊不清的照片，邓拉普老师和莫勒老师试图告诉我们，鸽子走路时，头部并不是有规律地前后移动，而是一直在往前伸。鸽子在行走时，脖子往前一顶，头先行。然后，鸽子的头部静止在先前位置，等待着身体和脚跟进。但是因为鸽子身子往前移，头对身体的相对位置挪后，于是，造成了先往前点头，再向后缩脖子的假象。

◎ 鸽子走路真的在"点头"

为什么鸽子走路非得一顿一顿吃力地伸脖子，不能像天鹅一般优雅娴静？生物学家奈特·邓拉普和莫勒提出了这样一个假想：在等待身体跟进的阶段，暂时静止的头部有利于鸽子获得稳定的视野，使其能看清周围的事物。可是，这两位生物学家却并没有进一步给出证据。

之后的40多年间，像我们今天的读者一样，科学家们为这个问题深深困扰，各自提出了不同的假设。对此现象的看法，大体来说，大致分为三大门派：平衡说、运动说和视觉说。

支持平衡说的人们认为，这是由于身体速度的变化，刺激内耳里面控制平衡的前庭器官，于是造成点头的现象；支持运动说的人们则强调小鸟行走时一举翅、一投足，都可能造成脖子和脑袋的肌肉自然反射，所以头部也会不断运动；而支持视觉说的人们则高举邓老师和莫老师的"大旗"，把"点头摇头，看得清楚才是好头"的理论发扬光大。

◎ 视觉派里的大事件

就这样，这个话题一吵就是45年，小鸡和鸽子依然还在一顿一顿地走路，答案始终悬而未决。马克·弗莱德曼教授于1975年在《自然》杂志上，发表了一篇论文，有力地支持了"视觉系"。其实，弗老师从苏格兰的爱丁堡大学到美国的卡内基梅隆大学，一直在研究视觉控制的问题，他可以说是视觉派里的"大牛人"。

弗老师设计了一组精妙的实验，首先他单挑平衡派，设计了一个四面封闭的箱子，将鸽子放置其中，推着箱子模仿鸽子的步行速度前进。此时，鸽子与笼子一起被推行，而它们却并没有迈步，因此不存在行走时的肌肉骨骼运动；而且静坐在箱子中的鸽子也看不到周围环境有任何变化，即没有视觉上的刺激。但是，由于鸽子被推动了，所以速度的变化足以造成其前庭器官的反应。奇怪的是，这只鸽子纹丝不动，完全没有点头的意思。由此看来，前庭系统不足以引发鸽子点头。

当平衡派被推翻之后，弗老师又锁定了运动派。他首先在箱子底部开了一个洞，又把它置于一个轻巧的滑板上，而鸽子就站在箱底的洞里，滑板之上。当鸽子在箱子中自由前进时，滑板自动往后滑，于是造成箱子与鸽子的相对位置不变。此时，虽然鸽子在走路，但是它看到的世界（也就是箱子）没有任何区别。令弗老师感到惊讶的是，走路的鸽子居然不伸脖子了。

接下来,弗老师又把有破洞的箱子重新放到一个固定的台子上,此时鸽子依然站在洞里,并且弗老师自己推着箱子来回缓慢运动。这时台上的鸽子没有行走,但是它眼前的世界(也就是箱子)却在弗老师的推动下发生着变化。令弗老师感到惊讶的是,不走路的鸽子,脑袋居然又开始动了。弗老师还发现,如果箱子推动距离在20厘米以上,鸽子的头就会往前伸一些。就这样,在推动箱子的过程中,鸽子头部会时不时地动一下。

弗老师由此得出结论:平衡和行走不足以让鸽子点头,鸽子之所以"点头"与保持视野稳定有很大关系。此后30多年间,这个实验的结论无人能够推翻。不仅如此,弗老师的实验研究更是将其后大量此类研究的方向指向了视觉因素。随着科学家们对鸟类研究的愈加深入,鸟类视觉系统的机制也渐渐变得愈加清晰:视动反馈、视网膜感光细胞分布、视神经传导通路、中枢视动信号处理机制……这些发现似乎让鸟儿点头现象的机理变得越来越清晰。

◎越发地纠结迷离

自此似乎鸟类因视力而点头的现象变得越来越清晰,点头故事似乎就此走到了尾声。事实上,有关鸟儿点头问题的研究却正越发地纠结迷离,这个故事正等待着续上浓墨重彩的又一章。

工作于加拿大萨斯喀彻温大学的科学家缪尔并没有因为平衡派与运动派已经被否定而放弃对步态和点头现象之联系的探索。这位科学家另辟蹊径,从点头现象的生理发展入手,对视觉派后人的理论形成了猛烈冲击。2005年,缪尔发表的实验结果表明,在雏鸟步态发育时,如果剥夺其某种决定性的视动反馈能力,点头受到的影响并不大。然而,如果雏鸟步态受到限制,功能发育不够完善,成鸟的步伐变小,其脖子伸缩幅度就会随之降低。

至此,答案变得越来越扑朔迷离。德国的奈克在2007年的综述里曾说:"尽管头脚的合作不是维持平衡的必需条件,但的确让鸟走得更稳;尽管视觉似乎是点头作用的主要方面,但至今仍然没有清晰的理论,来为我们确切解释鸟类点头的作用。"总之,这样一个具有想象力且严谨论证的实验,如今读来依然让人拍案称绝。

66. 鸟儿脖子上的大饼

> 鸟儿能吃虫又能吃植物果实，可是为什么很少有鸟类以树叶为食呢？如果鸟儿能吃叶子，简直就像脖子上挂着葱油饼一样，完全没有食物压力了。其实，这是自然选择的必然结果。

◎自然选择的结果

鸟儿之所以叫鸟儿，那是因为它会飞；鸟儿之所以会飞，那是因为它得活下去。如果鸟儿突然不会飞，落到了地上，面对大大小小的肉食兽、蛇、虫，只会被杀掉。所以鸟儿的飞，并且飞得快，是关系到个体生存和DNA延续的头等大事。这也直接导致了鸟儿没法以树叶为食。

那么，又是什么缘故呢？从科学角度来看，飞翔，特别是逃命或捕食的冲刺阶段，需要消耗大量的卡路里。然而，不同食物所含的卡路里是千差万别的。

虫和果实属于肉、谷物、坚果，每百克含有100~600大卡；树叶属于蔬菜叶子，每百克只含有10~20大卡。一只吃树叶的鸟儿，其肚子里的食物是吃虫子的鸟儿的10倍以上。

至于结果吗？请大家看看我们的熊猫宝宝就知道了。如果一只大熊猫只吃竹子的话，每天进食12~38千克食物，这几乎接近其体重的40%。40%！多么可怕的数字啊。

那些吃饱树叶的鸟儿,如果遇到捕食者,要逃命的时候就会发现:"本机"已经严重超载,根本无法顺利起飞。

◎减轻飞行负载的好习惯

或许,"机灵鸟儿"有问题要举手了:"如果我进化出一个少吃多餐制的能力,是否就可以了呢?"好,让我们假设鸟儿进化出了少吃多餐制的能力,看看接下来会发生什么。

通过观察鸟类的生理解剖图,我们会看到肉食性动物的消化道往往比较短,而草根树叶很难消化吸收,所以草食性动物的消化道又长又复杂。想必机灵鸟儿才不愿意带着一大堆的下水来飞行。

事实上,我们的鸟儿为了飞行的快捷,可是挖空了心思,不仅把骨骼空心化,还养成了绝不多留一点残渣在体内,尽一切可能减轻飞行负载的好习惯,从而达到快速消化、快速吸收、快速排泄的境界。

所以,从食物的能量重量比和消化道结构,我们就可以断定鸟儿的理想食谱应当是虫和果实。对于大多数鸟类,树叶看着好像挺好,但是想靠它们过日子却是不可能的。

67. 树叶为什么会打卷

冬天到了,地上的落叶多了起来。你有没有发现这样一个奇怪的现象:有些树叶飘到地上,会自己打卷,有些树叶却不打卷。这是为什么呢?

◎一片叶子的使命

每当进入秋天的时候,树叶就会有一个很明显的色泽变化的过程,此时树叶停止了长大,叶片会从绿变黄,然后叶柄和枝条的连接处开始变得更脆弱。一阵秋风拂过,就会飘然落下。

然而,树种不同,这个过程持续的时间也不等。不过,从表面上来看,在自然落叶的过程中,树叶内部都要经历一个营养回流的过程。

其实,早在秋天刚来的时候,大树就开始为这个冬季储备自己过冬的"粮食"了,它们会把树叶的水分和养分回收到树干,接着,缓缓地从叶子四周开始,再逐渐向叶柄附近发展。所以,有时候当我们摘下一片秋叶时,也会看到四周干黄、叶心依旧是绿色的样子。直到这片树叶的水分和营养大部分都回收到树干中,它的使命才算完成,最终才会离开树枝。

◎熬得过冬天的关键

到了白雪皑皑的冬季,光秃秃的树干仍然进行着生命活动,只不过相对弱了一点而已。如果树木在严寒来临之前能够完成落叶,预示着它为严

寒冬季的来临做好了充足的准备，在树干中储存了足够的营养，从而抗寒抗病，期待来年重新发芽。所以，在北方地区，一棵大树能不能按时完成"自然落叶"的过程，是判断其能不能熬得过这个冬天的关键。

如果说一棵树冻死了，就说明在严寒来临之前，年迈的树干没能把树叶中的养分做到及时回收。在这种条件下，树叶已经不能产生新的养分来供给树干，所以树干中没有足够多的越冬的粮食，或者说没有足够多的第二年发芽长新叶的力气，最终整棵树因为养分储备不足，营养衰竭而死。

同样是在冬季，同样是面临供暖问题，松树、柏树等非落叶乔木的情绪则表现得非常稳定。松柏这类非落叶乔木不需要生长新的枝叶，仅仅凭借以前留下来的叶子就可以直接用来光合作用。而且一般针叶的表面积很小，表皮结构也相对更加致密坚硬，不会因为冬天的到来而损失掉很多水分，叶子的自身寿命自然相对要长一些。尽管这些针叶也是要干枯脱落的，但它们脱落的时候并不会打卷。因为叶片本身就那么细长，想卷也无从卷起。

◎ **最易打卷的树种**

树叶干枯之后会打卷的一般都是阔叶树种。一般来说，典型阔叶树树叶的叶肉结构分成两层：上面较光滑，由密实的栅栏组织细胞所构成；下层多叶脉，由疏松的海绵组织细胞构成。正是因为这个差异，绿叶的正面会更翠一点，反面则有点发白。

阔叶树种的叶片在干枯的时候会因为失去水分而产生收缩，由于上层细胞较多，当树叶干枯时，上层失水收缩也就比下层严重，所以树叶在干枯时会打卷，而且大多是下层包着上层这样的打卷方式。

实际上，这个原理在日常生活中应用很广。比如，电路里的温控开关，最常见的一种是"双金属片突跳式温控器"，就是把两片热胀冷缩不同的金属贴在一起，当温度变化时，二者伸缩程度不一就会弯曲，从而接通或者断开电路。

生活中也有一个有趣的打卷现象：有些书刊的表面用的是塑封，就是用一张塑料膜盖在纸面上，但是这种书阅读一段时间后就会卷起来，而只有一层纸封面的书皮则不容易卷。

◎ **不会打卷的树叶**

树叶会不会一直坚挺直至干枯腐烂呢？答案是，不一定。比如，我们很少见到弯曲打卷的柳叶。如果支撑叶片的叶脉分布相对更紧密，或者叶脉更粗壮，树叶大部分会保持相对平整的样子，直至干枯腐烂。

另外，如果把树叶放在一个相对阴凉的地方，水分散失的速度没有那么快。虽然叶面本身不是绝对的平整，仍旧会有变形，但是树叶中的部分色素和本来的组织结构会依然存在，所以这时候的树叶也不会打卷。这就好比被夹在书中的树叶，许多年后，仍旧保留着当年的样子，充满了思念的味道。

68. 公鸡为什么早上打鸣

> 鸡为什么要叫呢？显然这个问题比"鸡为什么要过马路"少了点哲思。不过，如果拿这个问题问美国保罗·西格尔教授，他可能会给出你并不少于鸡为什么过马路的理由来。

◎鸡为什么要叫

西格尔教授是专门研究鸡的专家，听得懂鸡的语言。虽然对于大多数人，鸡的语言无非就是母鸡下蛋"咯咯嗒"、公鸡打鸣"咯咯咯"，但是西格尔教授却能听得懂30多种不同的"鸡语"。

其实，这一点儿也不奇怪，鸡作为一种社会性动物，特别是作为家长的公鸡，更要担负起很多指挥和决策的任务。比如，公鸡发现食物，会发出叫声，呼唤家人前来分享。如果公鸡发现的是蚯蚓或者豆子这样的美味，它的叫声频率会更高；反之，如果公鸡发现的只是些米粒，因为这些东西对它的吸引力并不是很大，所以它的呼唤频率便会降低。

研究还发现，如果母鸡听到了高频率的召唤声，就会乐颠颠地跑过来，而对低频率的召唤声则表现得不那么热衷。同样，如果一只鸡发现了威胁，也会发出警告。当然，对来自空中或是地面的威胁，警告声是不一样的。与此同时，其他的鸡做出的反应也不同。

◎鸡为什么要打鸣

对于公鸡打鸣,专家给出这样的解释,认为那是一种"主权宣告",一方面提醒家庭成员它至高无上的地位,另一方面警告邻近的公鸡不要打它家眷的主意。这就好比狗能从一泡狗尿中嗅到很多信息一样,鸡也能从一声鸡叫中听出很多故事。

美国新墨西哥大学的佛洛等人就尝试解码公鸡的打鸣声。佛洛等人动用了高灵敏度定向麦克风、高档录音机、音频分析软件和苹果计算机。他们的研究不太像是在做生物学实验,倒是像给明星灌唱片,至于"歌手"则是20只一岁大的雄性原鸡,也就是家鸡的野生种。

佛洛等人经过录音和分析,得到了一堆写满"基频""主频""泛音"的数据。结果证明,雄鸡的鸣叫与它们体内雄激素的水平密切相关,雄鸡的雄激素水平越高,其鸣叫声就越洪亮低沉。并且它们的雄鸡鸡冠越大,体形就越健硕,战斗力就越强。

至于母鸡打鸣,与半夜鸡叫一样具有神话色彩。这是由于母鸡只有左侧的卵巢输卵管发育,右侧的保持未分化的状态。如果母鸡左侧的卵巢发生故障,右侧那个未分化的卵巢就会发育成睾丸,并且产生雄激素。在雄激素的催促下,母鸡就会操起司晨报晓的任务来。

◎公鸡什么时候打鸣

公鸡什么时候打鸣?当然是早晨了,金鸡报晓嘛。对不起,你又错了,公鸡可以当闹钟用,但毕竟不是闹钟。实际上,公鸡什么时候都打鸣。

有人做过统计,一只公鸡在白天大概每小时打鸣一次,只不过早上第一声鸡叫划破了黎明的宁静,邻近的公鸡不甘示弱纷纷宣誓主权,打鸣像接力一样继续下去,比较引人注意。而由于白天的嘈杂,再加上人们忙着各自的事,就不会太留意这些白天打鸣的公鸡了。

公鸡为什么打鸣呢?首先我们要知道,鸟类里的夜猫子屈指可数,绝大多数鸟都是夜盲症患者,鸡也不例外。一般情况下,鸡在夜里都是睡觉的。

在这个前提下,我们需要研究一下解剖学,到鸡的脑袋里去看一看。鸡

的大脑里有一个小小的区域叫作松果体,这个腺体曾是我们的老祖先视觉系统的重要部分。现在位于脑的中央,与视神经有着藕断丝连的关系。

松果体可以分泌一种称为褪黑素的物质,并且受光线控制,只有伸手不见五指时,松果体才会分泌褪黑素,如果有光射入眼睛,褪黑素的分泌便会被抑制。褪黑素有着非常复杂的生物学功能,能抑制性激素的分泌。

生物学家早已发现在鸟类负责鸣叫的脑皮质上分布着大量褪黑素的受体,其中尤以雄鸟为甚。就是说,褪黑素直接控制着鸟儿什么时候歌唱。一天之中,晨光乍现时,由于褪黑素的分泌受到抑制,雄鸡便不由自主地"司晨";一年之中,当春天白昼渐渐变长,鸟儿体内的褪黑素水平渐渐下降时,它们便开始"叫春",紧接着就是体内性激素水平的升高,迎来一年一度的繁殖季节。在公园,我们常常会看到提着鸟笼的大爷,他们也深知这个道理,平常鸟笼都被厚厚的白布罩盖着,一旦摘下来,光线惊醒了鸟儿的"鸣叫中枢",歌咏便开始了。

现代社会,尤其是在大城市,随着人工照明的普及,早已消弭了昼夜的区别,与百年前相比,现如今人们的"黑夜"普遍缩短了好几个小时。不但人类深受"人工白昼"带来的褪黑素水平下降引发的健康问题,比如儿童性早熟、乳腺癌和结肠癌的高发,动物也跟着遭殃。据英国皇家鸟类保护协会报道,在英国很多地方,国鸟欧亚,这种俗称知更鸟的小鸟现在完全不"知更"了,彻夜鸣叫,原来都是路灯惹的祸。可见,给地球熄灯一小时,不管对人类还是对鸡在内的其他动物,都是远远不够的。

69. 昆虫是食品,还是食品的敌人

> 吃到有虫眼的苹果不可怕,吃到有虫的苹果也不可怕,可怕的是吃到苹果里面有半截正在挣扎的虫子。人们可以在西双版纳大吃竹虫,却绝对不想买回一箱子蛆柑[①]。昆虫是食品,还是食品的敌人?

◎无辜的柑橘

也许是条件反射让人变得越来越敏感,当我们拿着爬着小虫的柑橘时,免不了会如触雷般尖叫一声,于是,可爱的橘子被当成"定时炸弹"而恶狠狠地丢了出去。

或许,柑橘身上的大食蝇才觉得自己无辜呢,口口声声说:"我们跟人类,甚至是哺乳动物都毫无交情,又怎么会传染细菌病毒呢?如果柑橘是绿色无污染的食物,那我们还吃着绿色食品长大,也算是绿色食品吧,至少比用瘦肉精做的猪肉健康多了。"

◎为什么"昆虫佳肴"进不了寻常百姓家

说起昆虫,人们对它的感情从来就很复杂,赞美蝴蝶的舞姿,讨伐蟑螂的猥琐,谁让昆虫是这么个鱼龙混杂的大家族呢。但是不管是爱是恨,关系

[①] 柑蛆:一种果园寄生虫。被害果称"蛆果""蛆柑",是国际国内植物检疫性有害生物。

却是撇不清的，蜜蜂在蜂箱里制造甜蜜，桑蚕在丝山上吐出舒适，白蜡虫分泌的虫蜡给夜晚带来柔和的烛光……

不过，虽然如此，昆虫本身还是很少被列入食品行列，至于昆虫菜肴也仅仅是少数民族的"特色菜肴"。很多人对"吃虫"的印象也可能仅仅停留在童年那一两只烤焦的蝉和蚂蚱身上。

曾经在某杂志上有过一篇诱人的小文章，大意是说昆虫是富含营养的健康食品，要大力开发，文章还描述了各种昆虫的烹制方法，像油炸蝗虫、烤蜂蛹，令人有些垂涎。可是，二十年过去了，虽然昆虫食品的好处（如高蛋白、低脂肪）被一再提起，可是文章里面的"昆虫佳肴"却始终没能摆上平常人家的餐桌，这是为什么？

虽然地球上的昆虫很多，但是要想人工规模养殖却绝非易事。蜜蜂和桑蚕可能是家养昆虫。但是，蜜蜂的数量还是难以控制，并且需要四处去寻找蜜源植物，至于所采的花粉花蜜的种类也无从控制。

如此说来，桑蚕可能是最成功，也是唯一成功的家养昆虫，在人们所提供的环境和饲料等条件下，为人们吐丝织茧。大多数昆虫需要的饲料和生活环境都比较特别，比如，食蚜蝇幼虫需要大嚼蚜虫，而成虫却要在花朵上吸花吮蜜。

另外，很多昆虫特别是肉食性昆虫都有很强的领地性和攻击性。曾经一段时间，人们为了得到坚韧的蛛丝，于是想大规模饲养蜘蛛，但是这些聚在一堆的家伙不但不对同伴示好，更是你死我活地搏斗起来，最终只能让它们住"单间"，这样一来，饲养效率就大大降低了。无奈之下，科学家只能另辟蹊径，动用基因工程，雇用大肠杆菌来制造蛛丝。

◎ 吃昆虫不是件容易的事

不过，话又说回来，即使解决了养殖昆虫的问题，当把这些特别食物盛到人们的饭碗里，让大家鼓起勇气吃下去并不是件容易的事。

昆虫成虫的骨头都长在肉外面，绝对是正版的骨肉相连，加上体形限制，想挑出肉来简直是难上加难。成虫外骨骼一般都比较坚韧，若是连骨头带肉嚼，口感往往会不佳。

于是，昆虫菜肴只好取用幼虫（竹虫）和蛹（马蜂蛹、蚕蛹）这些较为柔软的材料。要命的是，昆虫家族中有些成员还相当强悍，各个自卫起来，手段还千奇百怪，有的背着化学武器（臭虫），有的浑身爬满了具有攻击性的"针头"（各种凤蝶的幼虫）。

除了自卫，像蚊子、蟑螂这样的昆虫还会顺便在食品和人体上撒点细菌病毒之类的东西。人们与这些高手过招之后，难免留下一些心理阴影。日后看到这些家伙时，就会反胃，更别提食欲了。这样一来，人类和昆虫可以说是各行其道，互不侵犯。昆虫除了偶尔被采来尝鲜以外，并没有成为正餐。

◎昆虫成了市场上的热销品

现在随着人们生活水平的逐渐提高，对饮食多样性的需求也日益增大，正是因为人们的这种猎奇心理，昆虫们也难逃刀叉碗筷的围追堵截。一些原本只是拿来尝鲜的昆虫，已经变成了市场上的热销商品。

在广西北部山区，胡蜂蛹的价格从几年前的每斤3~5元，上涨到每斤20~30元，并且还有供不应求的趋势。胡蜂是膜翅目胡蜂总科的昆虫，与蜜蜂为花朵辛勤授粉一样，也承担着重要工作。大多数胡蜂都是肉食性的，以其他昆虫，特别是鳞翅目幼虫为食。特别是在哺育幼虫期间，它们会捕捉大量害虫。除了捉虫，胡蜂还会给一些特别的花朵（主要是兰花）传粉。所以说，胡蜂在植物生长和开花结果中所做的贡献着实不小。

一般来说，胡蜂的个头比蜜蜂大一些，肉也相对多一些，加上不能生产蜂蜜，所以被人们请上了餐桌。尽管胡蜂有毒针做它的自卫武器，但还是抵挡不了全副武装的人们将那些已经成形或者将要成形的蜂蛹从数年精心建造的蜂巢里抖出来，最终成为美味佳肴。

不过，在有些地方，胡蜂数量正在锐减，结果导致毛虫肆无忌惮地啃食树叶，美丽的兰花得不到授粉郁郁而终。大自然的链条就是这样，每一环的缺失都可能导致链条停转。

◎关于植食性昆虫所带的病毒

通常来说，植食性昆虫所带的病毒只在昆虫之间传播或者在寄主植物之间传播，不会突然跑到其他动物身上。这是因为植食性昆虫所带的病毒对宿主有着严格的选择，即使把昆虫的病毒以及植物的病毒请到人体内，它们也会因为生活不习惯，无从繁殖。这跟那些依赖于人类生存的昆虫可以传播人类病毒和病菌截然不同。所以，在蛆柑这个事件中，人们对大食蝇幼虫传播疾病多少有些多虑了。

不过，由于病毒存在很强的变异能力，所以，也不排除它们一时兴起更换寄主。一旦发生这种跳跃，新病毒的威力也相当恐怖。这也是人类担心禽流感从鸟传染给人的原因所在。

总而言之，昆虫家族已经在地球上生活了数亿年，进化历史更是赋予了它们强悍的适应能力。如果能开发利用好这一宝库，对缓解人类食品危机有着非常重要的意义。

Part5 丛林里的游戏

70. 大雁为什么摆"人"字

"秋天到了,天气凉了,一行大雁往南飞,一会儿排成'人'字形,一会儿排成'一'字形。"秋天一凉,你的耳畔是否还隐约响起小学语文课堂里那富有磁性的声音?不过,对于大雁,最直接的疑问必然是,大雁南飞为什么非要排成"人"字形或者"一"字形,而不是其他更具想象力的阵型呢?

◎"人"字形编队,省体力

在现有的大雁"人"字形编队说法中,流传最广的解释是节省体力。事实上,这个解释还停留在假说阶段。目前为止,科学家还没有确凿的证据来支持它。很早以前,人类就已经观察到,大型鸟类通常选择"人"字形或者"一"字形,而小形鸟类则往往聚成一团。

不过,对大型鸟类编队飞行奥秘的探索,还要追溯到20世纪初莱特兄弟刚刚开启航空时代的岁月。1914年,德国空气动力学家卡尔·魏斯伯格经过计算后首次提出大雁飞"人"字形可以节省能量这一假说。魏斯伯格认为,大雁翅膀的扇动会引发尾流的涡旋,而涡旋的外侧正好是向上的气流。如果相邻的大雁刚好处在上升气旋里,那么它们的飞行就会大大省力。

卡尔·魏斯伯格的这个假说从诞生起,就受到了鸟类学家的欢迎,但是几十年以后才真正对它定量计算。1970年,空气动力学家里萨满和斯科伦

伯格利用日臻成熟的空气动力学理论首次给出了一个估算。他们经过观察研究发现，与单只大雁相比，一个由25只大雁组成的"人"字形编队可以多飞71%的航程。他们还研究得出，最佳的"人"字形夹角为120度。在当时，这个结果是如此的激动人心，以至于在今天的成功学和领导学教材上都充斥着这个结论，用来说明领导是多么伟大，而团队工作多么有效。

这是不是说大雁组队飞行摆法的问题就这样盖棺定论了？其实，在里萨满和斯科伦伯格的研究中，他们并未给出具体的计算公式和计算过程，而且他们采用的模型也过于简化：先是假设这些鸟像固定翼飞机一样僵硬，不扇动翅膀。同时，他们也没有考虑光滑的机翼和毛茸茸的翅膀之间的区别。在此之后，一个更深入的研究证明，大雁编队飞行的能量利用率远没有文章中所说的那样高。严谨的科学家们认为不管此类工作如何细致、模型如何复杂，还是不能光凭理论计算，不能过于理想化。

◎ 省力与否，假说VS实证

当理论计算行不通时，科学家们又开始另辟蹊径，实地观测数据中"人"字形夹角的度数。科学家们推测，如果空气动力学的优势是大雁选择"人"字形或者"一"字形的唯一理由的话，那么大雁在大多数时间都应该保证"人"字形的夹角，让自己处于最佳或者某一个固定的数字附近，而且还要避免飞成"一"字形，因为对称的尾迹里，一边的上升气流就会被浪费掉。

但是，科学家们的这一假设再一次遭到现实的无情打击。通过雷达和光学的跟踪研究，科学家们发现大型鸟类飞行的"人"字形夹角在24度到122度范围内诡谲多变，而且鸟类在飞行中还会大幅度变换角度。更让人费解的是，在整个飞行过程中，鸟类在只有20%的飞行时间里才会选择"人"字形，大多数时候"一"字长蛇阵更受欢迎。

近十年来，新的技术革命大大加深了人类对鸟类编队飞行现象的认识。随着全球鹰和捕食者无人机的大量应用，控制学领域的专家们也跑过来凑热闹，开始关注起飞行器的自动导航和操纵问题。在组队飞行过程中，大型鸟类频繁和大角度地调整飞行，还不断更换领队鸟和跟从鸟之间的相对距离，即便如此，也从未发生过碰撞。

控制领域的赛勒等科学家在研究了大型鸟类飞行的观测记录后发现，从控制学上说，这些行为的并存几乎是不可能完成的任务。不过，他们也没有把这条路完全堵死，科学家们推测，如果鸟类编队里的成员，每一个都以领队为基准来调整自己，而且在编队足够小的情况下，这个任务还有那么一丁点儿完成的可能。

总而言之，对于飞"人"字形能否节省大雁长途飞行中的体力问题，目前还不能下结论。要找到这个问题的最终答案，唯一的方法也许是训练一队风洞里的大鸟，通过它们在风洞里飞行的力学数据，才可能判断出编队飞行究竟有没有节省体力。

◎鸟类编队飞行的研究

目前，虽然科学家还不能证明"人"字形和"一"字形编队能够节省长途飞行的体力，但是，这种编队形式的其他好处已经被证实。

鸟类学家发现，加拿大大雁的眼睛分布在头的两侧，各自可以覆盖从正前方往后的128度角的范围，这与这些大雁编队飞行的极限角度相一致。换句话说，在编队里飞行的每一个大雁都能看到领队鸟，而领队鸟也可以看见全部的编队成员。因此，这些鸟类选择"人"字形和"一"字形至少有一个理由是确定的：在编队飞行中，每一只鸟都能看见整个编队，从而更好地进行相互交流或者自我调整。

总之，虽然鸟类编队飞行的现象很常见，但是不容易进行研究。继生物学家最早介入这一领域后，数学家、航空工程师，乃至物理学家也都逐渐参与进来，甚至于"鸟类'人'字形编队源于静电场"如此大胆的假说也有了亮相的机会。事实上，任何人都可以提出自己的假设，只要经得起科学实验和实地观测的验证，假说就有机会得到认可。

71. 螃蟹的抉择：横行，还是直走

螃蟹为什么横着走？这是一个古老的问题。不过，对于螃蟹"横行霸道"的疑问，似乎衍生出不少曲折甚至是离奇的误解。

◎ 螃蟹横行源于地磁倒转

长期以来，网络上一直流传着这样一个说法，螃蟹是依靠地磁场来判断方向的。在地球形成以后的漫长岁月中，地磁南北极已经发生了多次倒转。正是因为地磁极的这一倒转，结果使许多生物无所适从，甚至造成灭绝。

螃蟹是一种古老的洄游性动物，在它的内耳中，有一个定向的小磁体，这种东西对地磁非常敏感。由于地磁场的倒转，使螃蟹体内的小磁体失去了原来的定向作用。螃蟹为了使自己在地磁场倒转中生存下来，于是，采取了以不变应万变的做法，那就是不前进也不后退，横着走。

◎ "横着走"的说法靠谱吗

在过去的千万年中，地球磁场的磁极的确发生过好几次翻转，也确实有不少动物都能利用地磁场导航，比如说，跟螃蟹亲缘关系较近的眼斑龙虾就能利用磁罗盘为其返巢和迁移指明方向。但是，从已有的研究资料来看，"螃蟹利用地磁场导航"的说法却并未获得研究文献的支持。比如，大西洋砂招潮蟹就是根据天空中的参照物、沙滩的倾斜度、波浪等线索来找到回家的路。

据研究证明,螃蟹根本没有所谓的内耳结构,其听觉器官分布在腿上。由于步足上分布有不少特殊的感觉器官,可以接收空气中的声音和高频率的地面振动,所以,螃蟹的腿是相当敏感的。比如,螃蟹家族中的招潮蟹、幽灵蟹就会用钳子敲击地面,或者用钳子互相敲击制造声音和地面振动来与同类交流。

另外,"螃蟹横行是适应地磁倒转"的这一说法本身就存在着不少漏洞。在大自然界中,能利用地磁场导航的动物并不少,但它们都没有因为地磁倒转就出现横着走、横着飞的适应性行为,为什么偏偏螃蟹进化出这种奇特的行为呢?其实,"横"只是相对于螃蟹身体的头尾方向,它仍然可以朝着东南西北任何一个方向走。

◎ **骨骼奇特的"横行奇才"**

通常,螃蟹是甲壳类动物,它们的身体被硬壳保护着。甲壳动物根据体节的形态和机能,可分为头节、胸节和腹节。头节主管感觉,胸节主管运动,腹节主管生殖。

螃蟹有8对胸肢,前3对特化为颚足,虽然叫作"足",但并没有爬行功能,只是协助口肢碎化食物。因此,通常所说的腿指的是螃蟹的5对步足,第一对为螯足,末端具钳,后4对用于爬行。

那么,为什么螃蟹会横着走呢?首先,结构决定功能,螃蟹的每只步足都由七节组成,关节只能上下活动,跟人的胳膊肘不能往外拐、膝盖不能向后弯是一个道理。

事实上,螃蟹可以缓慢地向前行走,但步幅、速度和效率远低于横着走。为了验证这个,你可以抓一只螃蟹,轻轻晃动,它的八条腿就会左右乱颤,但如果你抓着它的腿前后小幅度晃动,再使劲很有可能就"啪"的一声断掉了。

螃蟹横着走与其身体长宽比也有一定关系,它的左右方向宽于它的头尾方向,从而便于以较低的能耗、最快的速度进入狭长的洞穴,躲避敌害的攻

击。然而,也不是所有的螃蟹都只能横着走。比如,生活在海藻丛中的许多蜘蛛蟹,还能在海藻上垂直攀爬。

仔细观察和尚蟹和蜘蛛蟹的身体,会发现它们有一个共同点就是身体的长度和宽度的差值不如其他螃蟹大,身体近似圆形,也不那么扁平,所以它们能采取向前的行走方式。

总之,动物采取何种方式行走,跟它们的生存环境、身体构造密切相关,适应环境、高效节能才是它们的行动宗旨。不管是哪种蟹,直行还是横走,这不过是它们生命长河中进化的抉择。

72. 给圣诞老人拉雪橇的到底是什么鹿

传说中，每年圣诞节的时候，一位家住北极，身穿大红袄的白胡子胖老头就会赶着鹿拉的雪橇，给全世界小朋友送礼物。也许收到礼物的小朋友们还记得他圆圆胖胖的慈祥样儿，可你们还记得他的鹿长什么模样吗？

◎ 不是麋鹿

常听到有人说为圣诞老人拉雪橇的是麋鹿，这实在有点让人抓狂。麋鹿们本来就已经够珍稀的，这样简直会被冻死，至少它应该是一种可以在寒带地区生活的鹿。其实，在欧亚和北美大陆广阔的森林和苔原，就生活着好几种大型的鹿，有马鹿、驼鹿和驯鹿。如果有人又告诉你为圣诞老人拉雪橇的是驯鹿，并奉上驯鹿的若干写真，恐怕大家还是会觉得鹿们都长得差不多。

麋鹿是我国的一个特有物种，曾经分布在从东北到华南的各种湿地，可是20世纪初在中国绝迹了。幸亏20世纪80年代，英国分两批向中国捐赠了38头麋鹿，麋鹿这才算是重返故土。

麋鹿是少有的尾巴很长的鹿，在它的尾巴上还有一簇黑色的簇毛，像驴尾巴。麋鹿的脸很长，有点像马，它的蹄子像牛而脖子像骆驼，因此被称作"四不像"。试想一下，如果圣诞老人驾着这样的"四不像"出去发礼物，

保不准会吓着小朋友的。

◎鹿角要足够奇异

马鹿，鹿科鹿属，常见于北半球温带到寒温带森林中，长着典型的树枝一样的鹿角，个子很大，肩高可达1米到1.5米。马鹿的脖子和身体有突然的颜色变化，尤其是在东亚和北美的马鹿中，这种深色的脖子尤为明显。马鹿和麋鹿都是真正的鹿，属于鹿科鹿亚科。

至于驼鹿和驯鹿，严格地说不属于狭义的鹿，属于鹿科狍亚科，有非典型的鹿角：角会长成板状，而且容易长得左右不对称。驼鹿和驯鹿的毛很丰富，比如鼻子上的毛很多，雄鹿脖子下面都有下垂的长须，像圣诞老人的胡子。

驼鹿是世界上最大的鹿，肩高1.7米到2.1米，而且肩部明显隆起，再加上鼻子宽大，所以像骆驼。驼鹿和马鹿一样，生活在欧亚和北美大陆北部的森林，它们自带雪地鞋——张开的蹄子。不可思议的是，这个庞然大物还是"游泳好手"，曾创造过游过1公里宽的湖面的纪录。

不知道为什么驼鹿没有被圣诞老人相中，难道是因为成年雄鹿的掌状角，或者是喉咙下只有小撮胡须，还有个肉垂，外形不是很理想？也许比较靠谱的理由是驼鹿是嗅觉动物，视力不好。圣诞老人的雪橇可是需要"飞行员"似的视力呢。

◎扑朔迷离的驯鹿

主角终于登台了！驯鹿。驯鹿是一种适应苔原生活的古老鹿类，分布范围在本书介绍的四种鹿中最靠北边，被圣诞老人选中，有点近水楼台先得月的意思。让我们勾勒一下驯鹿的外貌：长着珊瑚形状的角，一些部分连成板状且左右不对称，脖子上有白色的胡须一样的长毛，尾巴短，脸不长。也许真正的原因是驯鹿适应严寒，为了在雪下找食物，嗅觉相当灵敏，而且视觉也不坏。有趣的是，驯鹿两性都有角，可以让它们更方便地从厚厚的积雪下刨出食物。在鹿类中，这是很特别的。

73. 毛毛虫为什么要排队

毛毛虫的"排队"行为我们都不陌生,那么,毛毛虫为什么会选择排队的方式呢?毛毛虫又是靠什么排成一队呢?

◎ 毛毛虫的"排队"现象

在网络上,人们时常会看到这样一些报道:"神农架发现千脚蛇,分开为虫,合则为蛇。"据说这种蛇还可以被打散变成无数小虫,过一会儿又会聚合成一条蛇,当地老乡据此认为它有接骨的药效。当然,任何意识清醒的人都知道,既然是由虫组成的,就不能称之为蛇。其实,这种现象指的是某些鳞翅目幼虫——俗称毛毛虫的"排队"行为。

◎ 神秘的毛毛虫世界

一百年前,法国昆虫学家法布尔在其巨著《昆虫记》中介绍了他对一种排队毛毛虫的观察。在《昆虫记》的中译本里,这种毛毛虫被翻译得千奇百怪,"松树行列蛾""松毛虫""枯叶蛾"。

其实,这种毛毛虫的中文名叫松异舟蛾,属于鳞翅目舟蛾科,是欧洲南部、地中海地区和北非分布最广、危害最严重的一种森林害虫。它会伤害几乎所有品种的松树和雪松,而且幼虫的毒毛会使人畜严重过敏。近年来,由于全球变暖,这种生物不断向高纬度和高海拔地区扩散,在一些过去没有分布的地区暴发成灾,因而受到欧洲地区的高度重视。

这种毛毛虫是集群生活的,它们会在松枝间编一个大大的丝巢,然后住在里面躲避寒风。在它们小的时候会先吃包在巢里的松叶,很少出去。等到毛虫长壮、天气也冷了,就像商量好一样,开始停止取食巢内的松叶。因为再吃的话,巢就塌了,它们就没法过冬了。

当毛毛虫觉得巢内松叶吃得适可而止的时候,它们就会排队外出觅食。每个队伍都会有个随机产生的"队长"负责探路。如果把"队长"拿走,后一位就会立刻接替"队长"的位置。虽然毛毛虫的头看着很大,其实只是头壳,在头壳上有10个单眼,能感光却看不清路。所以,毛毛虫主要靠触觉和味觉来探路。

◎ **毛毛虫为什么要排队**

那么,毛毛虫为什么会选择排队的方式呢?这是因为毛毛虫都住在一个巢里,每天出外觅食后还会回到这个巢,若是分散觅食,会出现很多意外情况,导致幼虫不能回巢。而幼虫期在当地正好处于秋冬季节,不能及时回巢就有冻死或被捕食的危险。所以,大家排成一队是最好的选择。

毛毛虫靠什么来排成一队呢?昆虫学家法布尔认为是靠毛毛虫自己吐的丝。毛毛虫只要在爬,就无时无刻不在吐丝。不过,毛毛虫吐出的液体一遇到空气就会变成固体的丝,黏在地上。每条幼虫吐的丝会黏在一起,变成一条"丝路"。长长的"丝路"经过阳光的照射,还会发出耀眼的光芒。

不过,近年来研究却指出,丝线并不是毛毛虫认路的依据,它们会一边爬,一边分泌一种"追踪费洛蒙",据此来找到回家的路。不仅如此,毛毛虫还能分辨出新路和老路,并选择被更多毛毛虫走过的那条路。至于丝线,多多少少可能也有作用,但更多的是避免毛毛虫在光滑的枝干上打滑。

至于费洛蒙的作用,主要是针对"队长"。对队伍里的其他成员来说,主要是靠触觉感触前面一条虫的刺毛来保持队形。

这是为什么呢?科学家把一条毛毛虫的内脏剥空,只剩外皮,套在木棍上,这个外皮不能分泌费洛蒙,但仅靠上面的刺毛就能引诱一只活毛毛虫跟着他走。

除了松异舟蛾，还有很多群集性鳞翅目幼虫有排队的习惯。在中国，最常见的就是刺蛾幼虫的排队。刺蛾幼虫碧绿光滑，排起队来比松异舟蛾更具观赏性。不过，毛毛虫只在找食的路上会排队，找到食物后就分散开吃了。

74. "血燕"真的存在吗

谈到吐血的鸟儿,"杜鹃啼血"恐怕就是一个典型了。不过,大多数人想必都清楚,这只是文人骚客表达哀怨之情罢了。难不成,事关"血燕"的燕子吐血筑巢这回事,压根儿也是子虚乌有?

◎燕窝是怎么一回事

要想弄清楚"血燕"是怎么一回事,先得知道燕窝是什么。燕窝是雨燕科动物金丝燕及多种同属燕类以唾液黏合数量不等的羽毛、草茎等材料凝结而筑成的巢窝,能营造可食燕窝的金丝燕有好多种,其中最主要的是爪哇金丝燕。

燕窝根据采摘地点的不同,分为洞燕和屋燕。洞燕是采集于天然山洞中的野生金丝燕所筑的巢窝,而在人工搭建的燕屋中筑巢的金丝燕则出产屋燕。燕窝根据不同的色泽,还分为白燕、黄燕和红燕,其中红燕就是所谓的"血燕"。

◎金丝燕的使命

平时的时候,金丝燕会悬挂在洞壁或燕屋的木板上休息,筑巢则是为了产卵和育雏。在产业化的燕屋中,为了确保金丝燕的健康和燕窝的品质,人们会等小鸟长大,燕窝失去育雏功能后再去采集。

但是那些栖息在洞穴中的野生金丝燕则享受不到这样的优待，鸟儿还没来得及产卵，刚筑成的燕窝就被人们采摘了。金丝燕第一次筑巢时，时间充裕、身体健壮，燕窝基本全由唾液组成，质地最纯净。在古时这样的燕窝被称为"官燕"，专门用来进贡。

鸟儿为了完成传宗接代的使命，不得不再次筑巢，但是繁殖季节在即，大量唾液也被消耗掉，于是，鸟儿便用羽毛或草茎作为材料，并以唾液黏合起来筑巢，这样的燕窝被称为"毛燕"和"草燕"。

◎"血燕"是真是假

传说中，当金丝燕两次被连窝端走后，在其第三次筑巢时，就会因体力消耗过度，把血也吐出来，这种带血的唾液筑成的巢就是血燕。于是，有传言认为血燕就是金丝燕竭尽生命呕心沥血而成，所以营养价值才会特别高。

不过，至今为止，没有任何证据可以证实燕子吐血的说法。马来西亚农业部副部长蔡智勇和燕窝商联合会秘书马瑞来甚至直言，筑窝吐出血丝的"血燕"其实是商家为了获取更高利润而制造的噱头。

事实上，无论金丝燕是第多少次筑巢，屋燕都是白色的，而真正可能形成红色色泽燕窝的天然"血燕"只存在于洞燕中，而且既然金丝燕懂得用羽毛、草茎作为建筑材料，又何苦用自己吐的血来筑巢呢？

◎"血燕"的红色从何而来

现在，虽然极少部分称得上是"血燕"的燕窝色泽为红色，但并不含有血液成分，业界普遍认为这种色泽是洞壁的矿物渗入普通白色燕窝中形成。

不同产地的燕窝在氨基酸、蛋白质等方面成分差异较小，而在各种矿物质含量方面的差异却较大，也说明岩洞的矿物成分能渗入燕窝当中。

目前，只有泰国等少数产地出产呈现天然红色的"血燕"，推测是因为只有这些产地的洞穴中岩石含有较多可溶于水的特定矿物成分。同时，只有在潮湿闷热的洞穴深处，矿物质才有可能渗入白色燕窝中，再经过氧化等化学过程，才会形成铁锈红色的天然"血燕"。

◎"血燕",危险

虽然"血燕"与"吐血"无关,但是市场上"血燕"的真相却真的能让人吐血。在一项针对血燕产品的清查行动中,抽检人员发现血燕产品亚硝酸盐含量普遍超标,这些问题血燕其实是白燕窝熏制或染色后制成的,加工过程中使用了大量亚硝酸盐,不良商家试图以此牟取暴利。

在一些燕窝出产地区,由于有关部门对燕窝的采摘不加节制,野生金丝燕遭遇严峻的生存危机,而且部分品种的金丝燕,如关岛金丝燕等都已经处于濒危状况。可见,金丝燕虽然不会真的去吐血筑巢,但是有可能死于人类的掠夺。如果我们不加以管控,"血燕"一词恐怕更像是大自然泣血的控诉。